Manuel y Antonio Machado

EL HOMBRE QUE MURIÓ EN LA GUERRA

GUÍA DIDÁCTICA

Edición y guía didáctica de José Luis Abraham López

El hombre que murió en la guerra. Guía didáctica.
Primera Edición 2024

© Herederos de Manuel Machado y Antonio 2024
© Edición y guía didáctica de José Luis Abraham López
Ilustraciones de la cubierta: Elena López Gallego

© Ediciones Rilke.
http://www.edicionesrilke.com
editorial@edicionesrilke.com
C/Dr. Fleming Nº 50, 4ºD
28036 Madrid
Teléfono: 34 91 999 13 12

ISBN-13: 978-84-18566-43-1

Depósito Legal: M-13775-2024

MANUEL Y ANTONIO MACHADO

EL HOMBRE QUE MURIÓ EN LA GUERRA

Edición y guía didáctica de José Luis Abraham López

PERFIL BIOGRÁFICO DE MANUEL Y ANTONIO MACHADO

Varios miembros de la familia Machado destacan por sus dotes artísticas. El abuelo paterno, el eminente médico e investigador Antonio Machado y Núñez contrajo matrimonio con Cipriana Álvarez Durán, joven inquieta y con habilidades hacia la pintura, quien estimulará el espíritu artístico de su único hijo, Antonio Machado Álvarez, padre de nuestros dos protagonistas, quien ejercía de abogado y destacaba por sus profundos conocimientos del folklore andaluz, llegando a publicar numerosos estudios bajo el seudónimo Demófilo. De su matrimonio con Ana Ruiz Hernández nacerían cinco hijos y una hija, Cipriana. Estas virtudes artísticas apuntadas fueron heredadas por los miembros del núcleo familiar: José fue dibujante, pintor y profesor; Joaquín ejerció el periodismo y Francisco fue poeta y funcionario miembro del Cuerpo de Prisiones.

Centrándonos en Manuel y Antonio Machado Ruiz, diremos que aquel fue el primer hijo del matrimonio. Nacido en 1874 en Sevilla, cuando contaba cinco años la familia cambió su domicilio a Madrid tras conseguir el abuelo paterno

una cátedra en la Universidad Central. En la capital, el joven Manuel tiene ocasión de estudiar en la Institución Libre de Enseñanza, comandada por Francisco Giner de los Ríos, licenciándose en Filosofía y Letras en la Universidad de Sevilla en 1897.

Los dos años que pasa en París (1898-1900) serán decisivos, pues además de trabajar como traductor en la editorial Garnier, le permitirán a

Manuel conocer de primera mano el bullicioso ambiente cultural y literario de la ciudad de la luz, y cuyas influencias modernistas dejarán su impronta en su primer libro, *Alma* (1902), con una clara influencia de poetas como Rubén Darío y Paul Verlaine.

De vuelta a España, al año siguiente colabora en rotativos como *ABC* y *Blanco y Negro*, estrenando la comedia *Amor al vuelo* en colaboración con José Luis Montoto. Tras la publicación de *El mal poema*, inscrito también en el Modernismo, en 1910 contrae matrimonio con su prima Eulalia Cáceres Sierra, trasladándose a Madrid.

La aparición de *Cante hondo* en 1912 supuso un sorprendente éxito, hasta el punto de vender mil ejemplares nada más aparecer en las librerías. Manuel entra a formar parte del Cuerpo Facultativo de Archiveros, Bibliotecarios y Arqueólogos, desempeñando también labores como archivero en el Ayuntamiento de Madrid.

Antes de entrar, junto a su hermano Antonio, en una etapa prolífica como dramaturgo, en 1921 ve la luz su poemario *Ars moriendi*, en el que adopta un tono más existencialista. Cuando estalla la Guerra Civil española, Manuel y su esposa se encuentran en Burgos, donde son informados de la denuncia caída sobre él por un corresponsal de *ABC* en París siendo detenido y encarcelado unos días. En contraste con estas noticias, Manuel Machado ingresa como académico de la Lengua Española en 1938, falleciendo en Madrid en el mes de enero de 1947.

El haber nacido Antonio casi un año más tarde, también en Sevilla, hace que las vicisitudes y estudios de su infancia fueran compartidos e inseparables, así como sus decisivas aventuras en París y Madrid. Antonio colaboró en revistas literarias y periódicos influentes como *Helios*, *Blanco y Negro* o *Alma Española*. En 1907 obtiene plaza como profesor de francés en Institutos de Segunda Enseñanza, casi coincidiendo con la aparición de su segundo poemario, una versión ampliada de *Soledades* bajo el titulo *Soledades. Galerías. Otros poemas* en el que el simbolismo se distingue de otros aspectos.

Su destino profesional durante cinco años en Soria le descubre la esencia de Castilla, un sentir que quedará estampado en *Campos de Castilla* (1912). Además, en la ciudad leonesa conocerá a Leonor Izquierdo, quien por entonces no pasa de los trece años. No tardan en formalizar su compromiso, contrayendo matrimonio el 30 de julio de 1909. Dos años más tarde, a la joven le diagnostican tuberculosis falleciendo el primer día de agosto de 1912.

Quedando una plaza vacante en Baeza, hasta allí se traslada Antonio, donde vivirá siete años ejerciendo como profesor de Gramática Francesa en el instituto de Bachillerato.

 En este período, se acerca al tono popular que tanto había escuchado en su hogar familiar, y que le permitirá reunir los poemas que compondrán *Nuevas canciones*. Siendo licenciado en Filosofías y Letras, en 1919 consigue plaza en un Instituto de Segovia. Antes que su hermano Manuel, en 1927 Antonio será elegido miembro de la Real Academia Española, aunque curiosamente nunca llegó a tomar posesión.

Entre 1928 y 1936, Antonio mantendrá una estrecha relación epistolar con la poetisa y dramaturga Pilar de Valderrama, Guiomar, a quien dedicará algunos de sus poemas. En Segovia se encuentra Antonio cuando el 14 de abril de 1931 estalla la II República. Tres meses más tarde se traslada a Madrid, una vez concedida una cátedra de francés, pudiendo reunirse con su madre, su hermano José y los hijos de este. Si bien su producción poética disminuye en este período, no menos cierto es que se dedica con profusión a la prosa, con colaboraciones en distintos medios periodísticos y trabajando en lo que será *Juan de Mairena* y *Abel Martín*.

Al comenzar la Guerra Civil, sus amigos le convencen para que abandone España, marchando a Colliure, donde fallece en febrero de 1939.

En palabras de Dámaso Alonso, si Antonio era introvertido, silencioso, con aspecto triste, «era pozo, hondura, agua adensada en sombra»; en cambio, Manuel era divertido, «gracia, impulso, fuente, surtidor. Subía al cielo, salía a la calle rumorosa: subía, / bajaba, / charlaba,...»[1]. En cualquier caso, Manuel y Antonio, dos escritores singulares conocidos sobre todo en su faceta poética, de los que queremos compartir precisamente una labor más olvidada pero no menos interesante, la de dramaturgos.

Producción teatral de Manuel y Antonio Machado con guías didácticas editadas en Ediciones Rilke:

Desdichas de la Fortuna o Julianillo Valcárcel (1926)
Juan de Mañara (1927)
Las adelfas (1928)
La Lola se va a los puertos (1929)
La prima Fernanda (1931)
La duquesa de Benamejí (1932)
El hombre que murió en la guerra (1941)

---

[1] ALONSO, Dámaso. *Poetas españoles contemporáneos*. 3ª ed. Madrid: Gredos, 1988, p. 49.

EL JUEGO DIALÓGICO DE LA IDENTIDAD, LA REBELDÍA Y EL PERDÓN

El Teatro Español de Madrid acogió el estreno de *El hombre que murió en la guerra* el 18 de abril de 1941. Esta comedia en cuatro actos fue presentada por la compañía de Mari Paz Molinero y Francisco Melgares[2].

El 16 de diciembre de ese año, en el mismo recinto, se llevó a cabo una lectura dramatizada de la obra durante una velada organizada por el Sindicato Español Universitario (S.E.U.), en homenaje a las madres de los voluntarios de la División Azul que se encontraban luchando en el frente de Rusia[3].

Si comparamos *El hombre que murió en la guerra* con el resto de la producción dramática de Manuel y Antonio Machado, hallamos dos singularidades: es la única pieza escrita exclusivamente en prosa y su protagonista es un hombre.

Es esta la obra de los Machado en la que intervienen menos personajes. En total, siete; tres mujeres y cuatro hombres. La advertencia-prólogo –firmada en solitario por Manuel Machado– abre el camino a la interpretación de esta comedia cuando nos desvela el marco temporal de la historia como de la escritura de la misma (1928), una década después de terminada la Primera Guerra Mundial[4]. Esta discontinuidad entre ambos

---

[2] Con prólogo de Manuel Machado, la obra se publicó en 1947 en Buenos Aires, en la colección Austral de la editorial Espasa Calpe.

[3] "Después del quinto congreso nacional". En: *La última hora: periódico de información, literario y artístico*, Año 49, n. 14809, 18 de diciembre de 1941, p. 4. Ese mismo año de 1941, con música del maestro Pablo Luna y Julio Gómez, Manuel Machado se disponía a estrenar el poema lírico-religioso en dos actos *El Pilar de la Victoria*. Sin embargo, en realidad, tuvo que esperar al 12 de octubre de 1944 para hacerlo en Zaragoza. Vid. ACEBEDO. "Concepto español en exorno moderno". En: *Pensamiento alavés,* Año 10, n. 2651, 23 de septiembre de 1941. MACHADO, Manuel. *El Pilar de la Victoria*. Madrid: Editora Nacional, 1945. Es curioso señalar que, a finales de ese año de 1941, se representaba *Juan de Mañara*.

[4] En cambio, Domingo Ynduráin ("En el teatro de los Machado". En: *Curso en homenaje a Antonio Machado*. Salamanca: Universidad, 1977, p. 310) y José Luis Cano (*Antonio Machado*. Barcelona: Destinolibro, 1982, pp. 224-225) sostienen que la redacción tuvo lugar después de 1932 o en 1936, respectivamente. Ver ROMERO FERRER, Alberto. *Los estrenos*

tiempos (de la escritura y de la representación) puede venir dada por la dificultad en encontrar actores que afinaran con una representación tan psicológica como lo exige el papel del protagonista.

> Hemos terminado una comedia en prosa: «El hombre que murió en la guerra». Necesitamos un gran galán para intérprete. Y ése es el problema: ya sabe usted cómo estamos de galanes[5].

Al margen del intrincado laberinto de opiniones y argumentos sobre la autoría y datación de la obra que supera con creces las intenciones de nuestra edición[6], diremos que el argumento de *El hombre que murió en la guerra* gira en torno a un personaje que hace su irrupción de manera camuflada al iniciarse el segundo acto. Solo cuando don Andrés es consciente de que no podrá tener descendencia con su esposa Berta, el recuerdo de su hijo comienza a acecharle, volviendo del revés su anterior indolencia hacia él. Juan de Zúñiga es fruto del galanteo de don Andrés con Julia, algo que Berta desconocía. Después de indagar sobre las vicisitudes de su hijo bastardo, el progenitor descubre que aquel cayó en el asalto de una trinchera alemana cerca de Lens, sirviendo al ejército francés como soldado voluntario en la guerra de 1914.

---

teatrales de Manuel y Antonio Machado en la crítica de su tiempo. Cádiz: Universidad, 2003, p. 25. Cabe otra posibilidad: que Manuel Machado alterara la fecha de composición de la obra (VILLALBA ÁLVAREZ, Marina. "Los valores eternos de la España fascista reflejados en *El hombre que murió en la guerra*, comedia de Manuel y Antonio Machado". En: *Antonio Machado, hoy. Actas del Congreso Internacional conmemorativo del cincuentenario de la muerte de Antonio Machado*. Volumen II. Sevilla: Alfar, 1990, pp. 217-225).

[5] LÁZARO, Ángel [Proel]. "Galería. El poeta Antonio Machado". En: *La Voz*, Año 16, n. 4438, 1 de abril de 1935, p. 3.

[6] En cualquier caso, remitimos a trabajos esclarecedores como los de Miguel Ángel Baamonde *La vocación teatral de Antonio Machado* (Madrid: Gredos, 1976) y de Rafael Alarcón Sierra "Últimas investigaciones sobre los manuscritos machadianos de *El hombre que murió en la guerra*". En: CHICHARRO CHAMORRO, Antonio (ed.). *Antonio Machado y Andalucía*. Sevilla: Universidad Internacional de Andalucía, 2013, pp. 23-51.

Pese a desplazarse hasta la ciudad francesa junto a su amigo el coronel Roquerol y escribirle cartas en las que le prometía «reconocerlo como el último vástago de una estirpe ilustre», don Andrés no consigue obtener noticia alguna de su hijo hasta enterarse de que había caído en combate. En el décimo aniversario de su fallecimiento, los más allegados celebran un responso.

Justo el día de esta ceremonia privada, reciben la visita de un individuo que se presenta como Miguel de la Cruz, compañero de armas de Juan de Zúñiga, quien trae su última voluntad: abrazarle y entregarle un retrato vestido de soldado. Pero también revela la argucia de Juan de Zúñiga, quien propuso a Miguel de la Cruz intercambiar sus identidades, a lo que este no aceptó. En tal trance, sospechamos de la dualidad de Miguel de la Cruz, quien en realidad es Juan de Zúñiga fingiendo su muerte a través de aquel. Sin embargo, resulta curioso que para don Andrés sea una verdad irrefutable reconocer a su hijo ilegítimo en la foto entregada por Miguel de la Cruz. Todo lo contrario sucede con Juliana y Guadalupe (esta última, prometida de Juan de Zúñiga).

Centrándose más en la representación escénica que en el valor del texto dramático, gran parte de la crítica inmediatamente posterior al estreno incidió en dos aspectos: la escasa acción y la antipatía inspirada por el personaje Juan de Zúñiga (lo mismo le sucede en la obra a Guadalupe), dejando en la penumbra otros elementos significativos.

La exigua acción sobreviene de los hechos pasados, no del presente argumental, de modo que la lentitud se impone como consecuencia del carácter hondamente psicológico en la intención de los autores:

> Es, más que un conflicto dramático, un examen de conciencia; más que una síntesis escénica –teatro de masas, de mayorías– un análisis, a veces profundo, a veces sutil y

siempre por caminos intelectivos más que apasionados – teatro de minorías–[7].

El resentimiento de Juan de Zúñiga al regresar al hogar con la estrategia despechada de hacerse pasar por otro hace que, desde el comienzo, el público sienta aversión hacia él manteniéndose la podredumbre moral a lo largo de la pieza.

> Queda la comedia en un ambiente cerebral frío y seco; la misma sobriedad del desarrollo es sequedad; los personajes no tienen más que un matiz constante, que se modifica muy poco al contacto con la leve acción, en la que parece todo previsto y determinado...[8]

De la bibliografía que del estreno de esta comedia en prosa se ha recopilado, podemos extraer algunas conclusiones, como que no fue del todo bien acogida por el público. Si nos circunscribimos al juicio emitido, por ejemplo, en *La Hoja del Lunes*, se resalta el temperamento repulsivo del protagonista, la falta de originalidad en el asunto y el escaso acierto en los monólogos alternados[9].

Hubo quienes reconocieron el auténtico objetivo de los autores: ahondar en el espacio psíquico de personajes como Juan de Zúñiga y explorar temas en torno al resentimiento y a la autoconciencia. Estos críticos valoraron el calado emocional poniendo de relieve su enfoque en la pugna interna y la moralidad ambigua especialmente.

> El verdadero conflicto de la obra es un complejo de personalidad, el de un hijo bastardo que cambió sus papeles

---

[7] C. de C. "Español. *El hombre que murió en la guerra*, comedia en cuatro actos, original de Antonio y Manuel Machado". En: *Madrid*, 19 de abril de 1941, p. 2.

[8] CUEVA, Jorge de la. "Español. *El hombre que murió en la guerra*. Comedia de don Manuel y don Antonio Machado". En: *Ya*, 19 de abril de 1941, p. 2.

[9] A. "Español. *El hombre que murió en la guerra*". En: *Hoja del Lunes*, 3ª época, n. 109, 21 de abril de 1941, p. 2.

por los de un hospiciano y comienza a vivir «su» personaje con pretensiones mitad ilusorias, mitad cínicas[10].

Otros veían en esta obra antibelicista un anacronismo en cuanto al gusto del gran público, lo cual representaba una traba esencial para su éxito comercial. Consideraban que el enfoque y los asuntos tratados no se alineaban con las expectativas y preferencias de los receptores de la época, limitando así su aceptación y popularidad.

> es una comedia discursiva, irreal, pacifista, con arreglo a un pesimismo y a unas blanduras que están muy lejos de este tiempo[11].

La gran cantidad de monólogos y apartes, además del silencio de los demás personajes cuando habla Miguel de la Cruz, matizan la soledad del hijo bastardo y, en consecuencia, ralentizan sobremanera la acción, sobre todo en los dos últimos actos. Esta estructura dramática, centrada en la introspección y en la exploración psicológica de los personajes, contribuye a crear una atmósfera de soledad y a intensificar el conflicto interno, teniendo como efecto una evidente ralentización del ritmo narrativo.

> La idea directriz es un tanto oscura y el conflicto resulta algo artificioso, por lo cual requiere una serie de diálogos explicativos en los que se argumenta quizá más con el cerebro que con el corazón. Esto da a la obra un ritmo bastante lento, ya que la acción es parva, porque los autores han desdeñado la peripecia argumental, buscando más bien el ahondar en las conciencias de los protagonistas[12].

---

[10] MARQUERÍE, Alfredo. "*El hombre que murió en la guerra*". En: *Informaciones*, 19 de abril de 1941, p. 2.
[11] OBREGÓN, Antonio de. "Estreno en el teatro Español de la comedia en cuatro actos *El hombre que murió en la guerra*, original de D. Manuel y don Antonio Machado". En: *Arriba*, 19 de abril de 1941, p. 4.
[12] F. de J. "Estreno de 'El hombre que murió en la guerra'". En: *Pueblo: diario del trabajo nacional*, Año 2, n. 263, 19 de abril de 1941, p. 2.

Como decimos, es la ausencia de acción uno de los mayores reproches que se cebaron sobre el efecto de la comedia entre el público. De la falta de acontecimientos dinámicos y la predominancia de discursos introspectivos deriva una experiencia teatral estática para aquellos espectadores en los que tramas más imprevisibles, intrépidas y emocionantes despiertan mayor interés:

> La principal equivocación de los autores es creer que sin acción puede crearse teatro; a lo más se puede conseguir una sucesión de estampas escenificadas que por esta vez, al ser tesis principal, no una emoción poética, sino problemas de pensamiento, quedan convertidas en alegatos y ditirambos sin que se precise o adivine las razones de unos y otros y tengan lugar las necesarias conclusiones[13].

En cambio, la crítica más cercana ha considerado otros valores. Eusebio García Luengo advierte la habilidad de los autores para crear una atmósfera de tensión y suspense a través de la construcción de los conflictos internos de los protagonistas:

> es una de esas obras densas, vueltas hacia adentro, que al público maleado suelen aburrir porque carecen de todos los efectismos y de todos los trucos de que se suele componer el llamado "teatro teatral"[14].

Para Vicente Cutillas se trata de «un drama dialéctico adscrito a la corriente temática de Pirandello y Unamuno, en forma de discurso y debate»[15].

---

[13] SÁNCHEZ-CAMARGO, M. "*El hombre que murió en la guerra*, de don Manuel y don Antonio Machado (en el teatro Español)". En: *El Alcázar*, 19 de abril de 1941, p. 2.
[14] GARCÍA LUEGO, Eusebio. "Notas sobre la obra dramática de los Machado". En: *Cuadernos Hispanoamericanos*, n. 11-12, 1949, p. 674.
[15] CUTILLAS, Vicente. "La temporalidad en las acotaciones de *Las adelfas* y *El hombre que murió en la guerra*". En: *Antonio Machado hoy,* op. cit., p. 57.

En esta obra, los Machado se enfrentan a un nuevo reto al medir las posibilidades que el teatro tiene para bucear en las simas psicológicas del ser humano, prescindiendo de la acción y relegando la dimensión estética. Para ello, Miguel de la Cruz adopta deliberadamente la postura de un narrador testigo en algunas ocasiones y omnisciente en otras. De esta manera, en este juego dialógico los dramaturgos aportan una visión dual de las circunstancias de los actantes como el reverso de la misma moneda, es decir, desde el personaje de Juan de Zúñiga. Aunque Miguel de la Cruz comparte similitudes con aquel, como ser un expósito, también presenta asimetrías, como rectificar a don Andrés cuando este se dirige a él con un tratamiento más formal debido a su clase social. El desdoblamiento de Juan de Zúñiga en Miguel de la Cruz no debe ser visto como una simple imitación de personalidad, sino como una estrategia para contemplar al mismo sujeto desde varias perspectivas, cumpliendo así con un imperativo ontológico.

El personaje principal, Juan de Zúñiga, representa a uno de los muchos jóvenes que aun presintiéndolo «buscaba a tientas el mundo nuevo, el nuevo ideal humano, la nueva vida en que había de desarrollarse». En esta actitud ilusoria alienta su renuncia a los muchos beneplácitos de su clase social (la aristocracia) y, alma libre, estará en primera línea enemiga pero sin renunciar a su origen. De ahí que al cabo de los años Juan de Zúñiga regresa al seno familiar.

Es interesante reparar en cómo la crítica a menudo se enroca en los aspectos más llamativos de un personaje, como su comportamiento adulto y sus acciones presentes, dejando de lado sus antecedentes y el desarrollo de su personalidad desde una edad temprana. El análisis de la conducta de un personaje desde su infancia puede hacernos entender sus motivaciones, traumas y patrones de conducta que persisten en su vida adulta.

En nuestro caso, la crítica ha subrayado con adjetivos valorativos el carácter del protagonista (orgulloso, repulsivo, despechado, bellaco) pero no ha hecho lo mismo con el comportamiento de don Andrés. Mientras Miguel de la Cruz muestra una voluntad de enfrentarse a los espectros del pasado y buscar la salvación, don Andrés parece atrapado en la negación y la ocultación de sus propias acciones irresponsables. La revelación de la verdad sobre el nacimiento de Juan de Zúñiga y su crianza lejos de la familia biológica arroja luz sobre las razones y moralidad de su antagonista. El ocultamiento de estos hechos puede ser interpretado como un intento de preservar su imagen pública y evitar enfrentar las consecuencias de sus actos. Ahora bien, esta falta de responsabilidad y la vergüenza que siente por su comportamiento en el pasado escenifican su desazón, donde su libertad emocional se ve limitada por el peso de sus propias decisiones.

La búsqueda fallida de don Andrés de su hijo en medio de la trágica bruma de la guerra añade otra capa de tragedia a su historia personal. Además del drama individual, asoma la tragedia social de la contienda, lo que sugiere que las acciones particulares están inexorablemente ligadas a los eventos históricos que nos tocan vivir.

El periplo de Juan de Zúñiga desde la juventud rebelde y desencantada hasta la madurez marcada por la reconciliación y el autoconocimiento es el arco narrativo en el que se sostiene la obra. La huida del colegio y su renuncia a la vida acomodada de la aristocracia inspiran un rechazo consciente de su posición social. Estos hechos de su biografía conducen a una clara interpretación: el intento de encontrar su verdadero yo más allá de las limitaciones impuestas por su linaje y estatus.

Sin duda alguna, los horrores de la guerra sirven como catalizador para su transformación, abriendo los ojos a las verdades incómodas sobre su vida anterior y la sociedad en la que creció. La crítica hacia la aristocracia y el descontento hacia su destino reflejan igualmente el rechazo a un sistema que perpetúa la desigualdad y la insatisfacción.

Por otra parte, el regreso al hogar no solo representa la reconciliación con su familia y su pasado sino, sobre todo, consigo mismo. A través de sus experiencias y desafíos Juan de Zúñiga emerge como un hombre nuevo, más auténtico y consciente de su lugar en el mundo.

Juan de Zúñiga es el hijo abandonado pero a la vez el individuo que intenta sacrificar su primera identidad precisamente porque repudia su pasado. Más que dolor, la confesión del protagonista se transmuta en liberación, en la manifestación de un yo cuya clase social se diluye en la manera de pensar. Este viaje errante de autodescubrimiento y redención agrega profundidad a la angustia vital del apátrida y enriquece la trama al explorar temas universales como la rebeldía y el perdón en el espacio figurativo de la identidad personal.

El reconocimiento de un doble sentido en el devenir de Miguel de la Cruz apela en este personaje a su naturaleza ambigua al tiempo que sus acciones y motivaciones pueden interpretarse de diferentes maneras de acuerdo al contexto en el que se desarrollan. Por un lado, su talante oscila entre la bondad y la malicia, la honestidad y la manipulación, lo que lo convierte en un individuo tan intrigante como desconcertante; en cualquier caso, imposible de categorizar de una manera simple. Además, el doble alcance aludido apunta a la ambigüedad en sus intenciones ocultas, solo reconocidas por dos de los tres personajes femeninos.

La dualidad de Miguel de la Cruz como un espejo y una otredad para los otros personajes vislumbra la resolución del enigma del "yo" y la relación con los demás. En este juego vibra la sugerente idea de la imposibilidad de aniquilar quienes somos y, al mismo tiempo, «la búsqueda de la identidad personal a través del *otro*»[16].

En el lado de la interpretación simbólica de los antropónimos se sitúa Enrique Baltanás, quien reconoce en el nombre de Miguel de la Cruz más de un sentido:

> Es el nombre de un hospiciano, como lo era en efecto el Miguel de la Cruz muerto en el frente, pero es aquí también un nombre cargado de simbolismo. Miguel es el nombre de un arcángel, y por tanto de un mensajero de Dios, y se le tiene por jefe de los ejércitos… celestiales. Y lo que este Miguel se dispone a anunciar es, en efecto, la Cruz del Cristo. Sin ambages. El evangelio que se dispone a anunciar Miguel de la Cruz –ex Juan de Zúñiga– no es otro que el Evangelio del Cristo[17].

Por otra parte, Rosa Sanmartín reclama la atención sobre la semejanza de los nombres de los personajes de *El hombre que murió en la guerra* y los apócrifos de Antonio Machado en *Juan de Mairena*: Juan de Zúñiga con Pedro de Zúñiga, Miguel de la Cruz con los cuatro Migueles (Miguel de Cervantes, Miguel Servet, Miguel de Unamuno, Miguel Molinos)[18].

La diferencia de carácter entre los personajes femeninos como Guadalupe y Juliana, la misteriosa irrupción de Miguel de la Cruz, añade dinamismo a la historia. Guadalupe, la prometida de Juan de Zúñiga, encarna una visión idealizada de su novio, sugiriendo que ella ve en él solo virtudes, sin reconocer necesariamente su complejidad como individuo. Esta idealización se opone radicalmente a personajes femeninos del resto de la producción dramática de Manuel y Antonio

---

[16] SANMARTÍN, Rosa. *La labor dramática de Manuel y Antonio Machado*. Granada: Ediciones Mágina, 2010, p. 176.
[17] BALTANÁS, Enrique. *La obra común de los hermanos Machado*. Sevilla: Renacimiento, 2010, p. 139.
[18] SANMARTÍN, R., op. cit., p. 25. Igualmente, para los parecidos existentes entre *El hombre que murió en la guerra* y la obra de Antonio Machado véase el estudio de Miguel Ángel Baamonde *La vocación teatral de Antonio Machado*, op. cit., pp. 164-224.

Machado, encumbrados por su determinación heroica: Lola, Fernanda, la duquesa de Benamejí...

Por otro lado, Juliana, el ama que crio a Juan de Zúñiga, asume un papel maternal y protector hacia él, llenando el vacío dejado por la ausencia de su madre biológica y el abandono de su padre. Quizá por este instinto, Juliana reconoce en Miguel de la Cruz al joven, revelando un entendimiento profundo y una conexión emocional más allá de la superficial apariencia física.

Interesante también observar cómo otra mujer de la obra, Berta, queda relegada por el instinto superior de Juliana y Guadalupe. De sus propias palabras deducimos el valor que el honor tiene en su vida. Baste recordar cuando don Andrés le cuestiona cómo hubiera reaccionado de haber sabido antes de la boda la existencia de Juan de Zúñiga: «Y mi dignidad, Andrés, me impedía en todo caso, cerrar los ojos a todo eso para ser la marquesa del Castellar y de Pozo Blanco...». Berta, en particular, parece estar guiada por un fuerte sentido del honor, como lo demuestra su afirmación de que su dignidad le impediría cerrar los ojos ante la verdad sobre Juan de Zúñiga para mantener su posición social. Esta declaración revela su firmeza moral y su negativa a comprometer sus valores por conveniencia social o prestigio. Aunque su papel en la comedia resulta menos prominente en comparación con Guadalupe y Juliana, su decisión de priorizar la dignidad y el honor sobre el estatus social subraya la fortaleza de su carácter.

Es quizá en *El hombre que murió en la guerra* donde se apuntala uno de los puntos cardinales en el manifiesto teatral de los Machado: el empleo de monólogos y apartes «para sacar a la luz las más recónditas verdades del alma de cada hombre»[19]. Lo que el diálogo no ofrece en la confesión íntima

---

[19] MACHADO, Antonio. "Temas de arte. Sobre el porvenir del teatro". En: *La Libertad*, Año 10, n. 2528, 27 de abril de 1928, p. 1.

del protagonista se vislumbra en los apartes y florece en los monólogos[20].

En una exploración profunda de aspectos íntimos y personales del ser humano, el apego a monólogos y apartes parece lo más adecuado. Esta técnica permite que los actantes expresen sus pensamientos más profundos, sus dilemas morales y sus emociones más sinceras sin filtros ni mediaciones. Monólogos como apartes sirven como ventana de cada personaje, revelando conflictos internos, miedos y aspiraciones dentro del intrincado mapa de la condición humana. A través de estas técnicas, Miguel de la Cruz se convierte en narrador de su propia experiencia, permitiendo al público adentrarse en su mundo interno.

La caracterización lingüística de Juliana es realmente rica, lo que le otorga autenticidad y profundidad como personaje. El uso de diminutivos, coloquialismos, redundancias, vulgarismos y rasgos diastráticos en su discurso reflejan su origen social y su entorno cultural, y contribuye a su caracterización genuina. Diminutivos como *santita* y *hombrecito* sugieren un tono cariñoso o condescendiente, reflejando su actitud maternal hacia los demás personajes. Los coloquialismos y vulgarismos añaden un toque de singularidad, de realismo y autenticidad al lenguaje de Juliana, situándola dentro de su contexto social y cultural específico.

Las redundancias, como el dativo ético «se estuvo cerca», reflejan la forma de expresar ideas con énfasis. Al tiempo, rasgos dialectales (*sentío*, *toos*, *acadenalao* y *dorao*) evidencian una regionalidad específica en su habla, añadiendo aún más singularidad a su caracterización. En conjunto, estos elementos lingüísticos en el discurso de la nodriza Juliana

---

[20] Recordemos que el manifiesto teatral común de los Machado es posterior a los estrenos de sus obras dramáticas, menos *El hombre que murió en la guerra*. Quizá por este motivo, esta pieza sea la que menos se diferencia, en muchos aspectos, entre las formulaciones teóricas de los sevillanos y su práctica dramática.

contribuyen a su individualidad como personaje y enriquecen la experiencia del lector al sumergirse en el mundo de la obra.

BIBLIOGRAFÍA

"Después del quinto congreso nacional". En: *La última hora: periódico de información, literario y artístico*, Año 49, n. 14809, 18 de diciembre de 1941, p. 4.

A. "Español. *El hombre que murió en la guerra*". En: *Hoja del Lunes*, 3ª época, n. 109, 21 de abril de 1941, p. 2.

ACEBEDO. "Concepto español en exorno moderno". En: *Pensamiento alavés,* Año 10, n. 2651, 23 de septiembre de 1941.

ALARCÓN SIERRA, Rafael. "*El hombre que murió en la guerra, El hombre que yo maté* de Rostand y Lubitsch y los intertextos de Manuel Machado". En: *Revista de Literatura*, n. 136, julio-diciembre, vol. LXVIII, 2006, pp. 569-593.

ALARCÓN SIERRA, Rafael. "Últimas investigaciones sobre los manuscritos machadianos de *El hombre que murió en la guerra*". En: CHICHARRO CHAMORRO, Antonio (ed.). *Antonio Machado y Andalucía*. Sevilla: Universidad Internacional de Andalucía, 2013, pp. 23-51.

ALONSO, Dámaso. *Poetas españoles contemporáneos*. 3ª ed. Madrid: Gredos, 1988.

BAAMONDE, Miguel Ángel. *La vocación teatral de Antonio Machado*. Madrid: Gredos, 1976.

BALTANÁS, Enrique. *La obra común de los hermanos Machado*. Sevilla: Renacimiento, 2010.

C. de C. "Español. *El hombre que murió en la guerra*, comedia en cuatro actos, original de Antonio y Manuel Machado". En: *Madrid*, 19 de abril de 1941, p. 2.

CANO, José Luis. *Antonio Machado*. Barcelona: Destinolibro, 1982.

CUEVA, Jorge de la. "Español. *El hombre que murió en la guerra*. Comedia de don Manuel y don Antonio Machado". En: *Ya*, 19 de abril de 1941, p. 2.

CUTILLAS, Vicente. "La temporalidad en las acotaciones de *Las adelfas* y *El hombre que murió en la guerra*". En: *Antonio Machado hoy. Actas del Congreso Internacional conmemorativo del cincuentenario de la muerte de Antonio Machado*. Volumen II. Sevilla: Alfar, 1990, pp. 55-66.

F. de J. "Estreno de 'El hombre que murió en la guerra'". En: *Pueblo: diario del trabajo nacional*, Año 2, n. 263, 19 de abril de 1941, p. 2.

GARCÍA LUEGO, Eusebio. "Notas sobre la obra dramática de los Machado". En: *Cuadernos Hispanoamericanos*, n. 11-12, 1949, pp. 667-676.

LÁZARO, Ángel [Proel]. "Galería. El poeta Antonio Machado". En: *La Voz*, Año 16, n. 4438, 1 de abril de 1935, p. 3.

MACHADO, Antonio. "Temas de arte. Sobre el porvenir del teatro". En: *La Libertad*, Año 10, n. 2528, 27 de abril de 1928, p. 1.

MACHADO, Manuel. *El Pilar de la Victoria*. Madrid: Editora Nacional, 1945.

MARQUERÍE, Alfredo. *"El hombre que murió en la guerra"*. En: *Informaciones*, 19 de abril de 1941, p. 2.

OBREGÓN, Antonio de. "Estreno en el teatro Español de la comedia en cuatro actos *El hombre que murió en la guerra*, original de D. Manuel y don Antonio Machado". En: *Arriba*, 19 de abril de 1941, p. 4.

PACO, Mariano de. *"El hombre que murió en la guerra* y Antonio Machado". En: *Antonio Machado hoy. Actas del Congreso Internacional conmemorativo del cincuentenario de la muerte de Antonio Machado.* Volumen II. Sevilla: Alfar, 1990, p. 159-165.

ROMERO FERRER, Alberto. *Los estrenos teatrales de Manuel y Antonio Machado en la crítica de su tiempo.* Cádiz: Universidad, 2003.

SÁNCHEZ-CAMARGO, M. *"El hombre que murió en la guerra,* de don Manuel y don Antonio Machado (en el teatro Español)". En: *El Alcázar*, 19 de abril de 1941, p. 2.

SANMARTÍN, Rosa. *La labor dramática de Manuel y Antonio Machado.* Granada: Ediciones Mágina, 2010.

YNDURÁIN, Domingo. "En el teatro de los Machado". En: *Curso en homenaje a Antonio Machado.* Salamanca: Universidad, 1977.

VILLALBA ÁLVAREZ, Marina. "Los valores eternos de la España fascista reflejados en *El hombre que murió en la guerra,* comedia de Manuel y Antonio Machado". En: *Antonio Machado, hoy. Actas del Congreso Internacional conmemorativo del cincuentenario de la muerte de Antonio Machado.* Volumen II. Sevilla: Alfar, 1990.

EL HOMBRE QUE MURIÓ EN LA GUERRA

ADVERTENCIA - PRÓLOGO

Antes de levantarse el telón el público debe saber que esta comedia, cuya acción discurre en 1928 –diez años después de la primera Gran Guerra– fue escrita en esa misma época.

Tiene, pues, principalmente –si los autores lo han logrado– el valor documental de un momento histórico interesantísimo por sí mismo y porque en él se contienen los gérmenes de cuanto ha venido sucediendo en el mundo de entonces acá. Es aquel momento en que la juventud que había sido llevada entonces al combate –separada de la anterior generación, la de los padres; por el abismo en que había fracasado, desembocando en aquella guerra, toda una civilización vieja, toda una ordenación caducada, todo un prescrito concepto de la vida– buscaba a tientas el mundo nuevo, el nuevo ideal humano, la nueva vida en que había de desarrollarse.

Uno de esos jóvenes, representativos de la nueva generación, de la que paradójicamente podía decirse que había muerto, había nacido en la guerra, es nuestro Juan de Zúñiga. Ni en el corazón ni en la mente de Juan de Zúñiga estaba aún concretamente cuajado el nuevo ideal. Pero su alma lo presentía, y reconocía de antemano y de momento la necesidad de romper con todo lo que le ataba al pasado. Y de ahí su hazaña al renunciar a toda su personalidad heredada, nombre, fortuna, clase, y aun a la más dulce cadena de un amor previsto y convenido. Y todo ello para volar libre –sin el peso de su hombre «que murió en la guerra»– en la persecución de su propósito de renovación, de re-creación del mundo y de la vida. Pero Juan era verdaderamente un Zúñiga de cuerpo entero, el verdadero gran aristócrata puro, del espíritu y de la sangre, como se lo revela a él mismo en la última escena su prometida Guadalupe, porque el amor todo lo penetra.

Y fácil es por eso –y recapacitando sobre todo lo que luego ha ocurrido en la propia España– imaginar que a los pocos años Juan de Zúñiga volverá a la casa de su padre –que acaso haya muerto– y a los brazos de la amada, que lo esperan siempre, porque estos son los valores inmutables del alma humana, que perduran a través de toda clase de vicisitudes.

Esta fase ulterior de la conducta de Juan de Zúñiga no está, no podía estar, en la comedia, sino en la forma de un presentimiento. Pero ¡tan claro, dado el carácter del personaje, para el que en ello piense un momento! Aclararlo más ahora, sabiendo ya, con todo el mundo, lo que después de aquel momento ha sucedido, equivaldría a una ridícula «profecía del pasado». Además, totalmente superflua y nada comprensiva de tantas otras posibilidades como ofrece la que pudiéramos llamar la postvida escénica de Juan de Zúñiga.

. . . .

Cuando esta obra se estrenaba –trece años después de escrita–, el mundo se había enzarzado ya en otra guerra, mucho más terrible que la anterior, y de la que apenas ha salido en estos días presentes...

Las posibilidades, pues, de la «postvida escénica» de Juan de Zúñiga, son cada vez más imprevisibles... Cabe pensar que, ante las perspectivas del monstruoso suicidio de la Humanidad que sería una tercera guerra, nuestro protagonista se haya refugiado en los únicos elementos de vida que se le ofrecen: el amor, el matrimonio... O que, considerando a los hombres –al parecer ya más estultos[21] que malvados–, no como portadores de valores eternos, sino como neos impenitentes de eternos delitos y locuras, en lugar de buscar la solución de tantos males

---

[21] *estultos*: necios.

32

en la inteligencia y en la justicia terrenas, la encuentre en el sometimiento consciente, ferviente y humilde a la voluntad divina… haciéndose Cartujo.

O bien, que…

Manuel Machado

PERSONAJES

GUADALUPE

JULIANA

BERTA

JUAN DE ZÚÑIGA

DON ANDRÉS DE ZÚÑIGA

PEDRO

D. IGNACIO

ACTO PRIMERO

Sala en casa de los marqueses del Castellar. Puerta al fondo. Ventana lateral izquierda. Puerta lateral derecha. Muebles lujosos y antiguos. En las paredes los retratos a que alude el texto

ESCENA PRIMERA

Berta hace labor sentada junto a una mesita costurero, a un lado de la habitación. D. Andrés con Pedro, el criado, que tiene en la mano una bandeja con cartas y periódicos, habla en la puerta del fondo

ANDRÉS.   *(A Pedro.)* Bueno… Él volverá, si quiere. Y querrá… Visitas a estas horas, no suelen interesar más que al visitante.

Viene hacia el centro del salón, mientras Pedro coloca en una mesa, a la derecha, el correo que trae en la bandeja, y se retira por el foro. Don Andrés repara en el montón de cartas, y se acerca a la mesa, a cuyo lado hay un viejo sillón muy cómodo, donde acaba por instalarse con aire muy fatigado

ESCENA II

Doña Berta y don Andrés

ANDRÉS.   Correo… ¡Cuánto! Un secretario… Un secretario… Y sin embargo, esto de abrir una carta tiene su encanto… *(Abre una y la repasa con la vista.)* No así el leerla. *(La*

37

	deja en la mesa y abre otra.) Pero abrirla… *(Dirigiéndose a Berta.)* Mira. De los Villalar. *(Viendo otra carta.)* Luciano y Felisa Valmonte. *(Otra carta.)* Salvador y Araceli… Montoya.
BERTA.	Los duques de Tormes.
ANDRÉS.	¡Pchs! Ya sabes que Salvador no usa el título.
BERTA.	Pero le gustará que lo lleve su hijo mayor.
ANDRÉS.	Claro…
BERTA.	¡Claro!
ANDRÉS.	*(Después de repasar otras cartas.)* Todos nos renuevan sus condolencias por la muerte de Juan, en la fecha de hoy.
BERTA.	Buenos amigos.
ANDRÉS.	Consecuentes… Pero, poco a poco –así es la vida– han dejado de visitarnos en este día; de asistir al pequeño funeral…
BERTA.	No quisiste tú darle nunca la solemnidad necesaria. Una sencilla misa en nuestro oratorio particular[22].
ANDRÉS.	¡Diez años ya! ¡Qué buena eres, Berta!
BERTA.	Cuando llega este día…
ANDRÉS.	Un día…, justo…, para no pensar más en ello. He aquí el secreto de las conmemoraciones a fecha fija, de los aniversarios, de los mismos lutos… Por lo demás…, ¿sabemos nosotros siquiera la fecha exacta de la muerte de Juan?
BERTA.	Sabemos…
ANDRÉS.	Sabemos que cayó en el asalto de una

---

[22] Signos de la clase social a la que pertenecen son el disponer de criado, tener contacto con duques y poseer en la vivienda un oratorio privado. El ambiente aristocrático se percibe igualmente en otras obras de Manuel y Antonio Machado como *Julianillo Valcárcel*, *Las adelfas* y *La prima Fernanda*.

	trinchera alemana en las cercanías de Lens, y que fue sepultado allí mismo, mientras la batalla continuaba aún por varios días, y un diluvio de obuses y de metralla laboraba la tierra que le servía de lecho, a él y otros muchos valientes de la legión española.
BERTA.	¡Dios mío, Dios mío!... Pero ¿qué locura pudo llevar a ese muchacho a aquella guerra terrible? ¡Y en Francia![23]
ANDRÉS.	Locura... Locura... ¡Quién sabe!... *(Queda ensimismado, abstraído con el recuerdo. Berta lo mira con pena, y vuelve a su costura. Luego se levanta y acercándosele cariñosa, pone una mano en su hombro.)*
BERTA.	¡Andrés!...
ANDRÉS.	Berta. *(Como despertando de un sueño.)*
BERTA.	Es preciso resignarse de una vez para siempre con la voluntad de Dios. Es la constante obsesión de tu hijo... De nuestro hijo, porque a ti te constaba ya –¿no?– que, si Juan hubiera vivido, yo sería para él una verdadera madre, a pesar de...
ANDRÉS.	¡Oh, sí, sí, Berta! Y ese es otro de los motivos de este disgusto mío tan profundo, y, sí, realmente tan desesperado.
BERTA.	¡Andrés!...
ANDRÉS.	Que sí, que sí... En primer término, yo comencé por abandonar a mi hijo.

---

[23] Son muchas las similitudes entre *El hombre que murió en la guerra* y *El hombre que yo maté* de Maurice Rostand. Sobre este aspecto véase el trabajo de Rafael Alarcón Sierra "*El hombre que murió en la guerra, El hombre que yo maté* de Rostand y Lubitsch y los intertextos de Manuel Machado". En: *Revista de Literatura*, n. 136, julio-diciembre, vol. LXVIII, 2006, pp. 569-593.

BERTA.	¡Oh, abandonarle!...
ANDRÉS.	Materialmente, económicamente sobre todo, no, claro está... Pero cordialmente, sí. No le faltó nada por entonces, nada... más que su padre... Pero es que yo no sabía..., no lo sé aún... Berta, con entera libertad; si tú hubieras conocido entonces mis relaciones con Julia, y la existencia de esa criatura que vino a complicarlas pocos días antes de nuestra boda..., ¿te hubieras casado conmigo?
BERTA.	Franqueza por franqueza, Andrés, no. No me hubiera casado.
ANDRÉS.	¡Ah!...
BERTA.	No me hubiera casado con el hombre que tenía otra mujer y un hijo de esa otra mujer. Aun queriéndote como te he querido siempre, mi religión me mandaba en ese momento señalarte el deber de casarte con ella, para no vivir en pecado mortal. Y mi dignidad, Andrés, me impedía en todo caso, cerrar los ojos a todo eso para ser la marquesa del Castellar y de Pozo Blanco... No, lealmente, no. No me hubiera casado. Pero...
ANDRÉS.	Sé lo que vas a decirme. ¿Por qué seguí callando luego? Muerta ella, al poco tiempo de nuestra boda, ¿por qué no te lo dije entonces? ¿Por qué no te hablé de mi hijo?
BERTA.	¿Por qué?
ANDRÉS.	Cobardía y egoísmo. Tuve miedo de tu disgusto. Te quería demasiado. Y temía perder tu cariño. No sabía cómo convencerte de que yo no había querido

	nunca a Julia. Aquel niño no era siquiera el hijo del amor, sino la consecuencia inoportuna de un devaneo sin la menor raíz sentimental.
BERTA.	Y dejaste pasar los años.
ANDRÉS.	Con la esperanza de que nuestra unión, esa sí, llena de amor y consagrada por Dios y por los hombres, tuviera también su fruto legítimo, sano, que nos llenara de orgullo y de alegría, que pudiera ostentar sin mácula nuestros apellidos y continuar las tradiciones de nuestra raza… ¡Ah, mientras yo tuve esa esperanza!
BERTA.	¡Andrés!
ANDRÉS.	No. Si nada te reprocho. Más que esposos amantes, hemos sido durante toda nuestra juventud. Tal vez por eso… Los que se aman mucho parece que no se reproducen. Quizá en castigo a mi salvaje egoísmo…[24] Ello es que Dios no quiso darnos hijos.
BERTA.	No era su voluntad.
ANDRÉS.	No era… Y al cabo se me presentó clara esa convicción amarga. Entonces fue cuando mis ojos se volvieron hacia mi hijo, hacia aquel niño que yo tenía casi abandonado. Al cabo era mi hijo, llevaba mi sangre… Y en Castilla, el varón… Había salido a mí, de fijo, y ahora cuidando yo, cuidándonos los dos, porque bien seguro, tú, al saberlo todo, todo, ¿comprendes?, lo perdonarías todo…

---

[24] Enrique Baltanás aprecia en esta obra el personaje donjuanesco que aparece en otras piezas dramáticas de los Machado: Julián Valcárcel y Juan de Mañara en las obras homónimas, Alberto y Salvador Montoya en *Las adelfas* y don Andrés en *El hombre que murió en la guerra*. BALTANÁS, E., op. cit., p. 134.

BERTA.	Como así fue.
ANDRÉS.	Sí, sí... Pero además lo querrías. Mira, estoy tan cierto de que él se hubiera hecho querer por ti...
BERTA.	¡Quién sabe!
ANDRÉS.	¡Qué dices!
BERTA.	Puedo responder de mí. De él...
ANDRÉS.	Te respondería yo. Nada mío podía dejar de quererte. Ah, tú no sabes, además, qué nobleza de sentimientos... No sabes...
BERTA.	¿Y tú?
ANDRÉS.	Yo... yo... Pero, su vida entera, tan corta y todo..., pero su muerte misma te están hablando a voces de su gran corazón.
BERTA.	Pero loco, rebelde...
ANDRÉS.	Era un niño... A nuestro lado, sin embargo...
BERTA.	Es un triste consuelo, muy triste, mi pobre Andrés, pero Dios nos da a veces una pena muy grande..., para ahorrarnos otras verdaderamente terribles... ¿No has pensado?
ANDRÉS.	No, Berta.
BERTA.	Pero algo de lo que él ama nos ha dicho... Y luego la escapatoria absurda del colegio. Y el misterio de una vida de aventura.
ANDRÉS.	¿Qué sabemos?
BERTA.	De aventuras desastradas que acabó en...
ANDRÉS.	No, Berta, no.
BERTA.	Sí, sí. En algo que puede considerarse como un suicidio. ¿Qué le iba a él en aquella guerra? Cuando recibió tu primera carta, la nuestra, debió dejar las armas y correr a nosotros, a su casa, a su patria...

ANDRÉS. Estaba en la línea de fuego. Ah, por eso no me dejaron llegar a él. Pero un soldado no puede abandonar su puesto frente al enemigo. Y aunque pudiera, un caballero, un Zúñiga, no lo abandonaría nunca. *(Pausa larga.)* Dices tú... Yo no he conocido realmente a mi hijo; eso es cierto. La criatura de dos meses que entregué al ama Juliana en mi cortijo de Guadix[25]; el niño de siete años que llevé al colegio de Inglaterra... Sí, sí... Pero luego he pensado constantemente en él, y con tal intensidad, que he logrado reconstituir completamente su figura y penetrar su espíritu y su carácter. No, Berta, no. Donde tú ves solamente locura, indisciplina y quizá, aunque lo callas discreta, malas inclinaciones o perversidad de instintos, lo que había era las raíces tiernas, claro es, como en un niño pueden estarlo de las más raras y peculiares virtudes de nuestra raza. Dices tú... La escapatoria del colegio a los quince años y la misteriosa vida que hubo de seguirla... Absurdo, ¿verdad? Una loca aventura... Y bien, en el fondo, ¿qué otro espíritu guio a los conquistadores?; ¿qué eran si no aventureros, en el más alto sentido, los fundadores de las grandes casas, realizadores de ensueños, de hazañas y de hechos extraordinarios, que la discreción y la razón hubieran condenado siempre anticipadamente, como aventuras locas? Y su muerte, su misma muerte,

---

[25] Recordemos que la familia vivía en Madrid.

como tú decías, en un país extraño, en Francia, sobre los campos de Lens y de Arrás… ¿Pero no te dicen nada estos nombres? ¿Pero tú no sabes que aquellas tierras están materialmente enraizadas de huesos españoles? Pero tú no piensas que un Zúñiga, don Luis de Requeséns, en los tiempos de Felipe II, combatió allí años enteros al frente de nuestros tercios, y ¿no ves cómo es quizá un atavismo[26] inconsciente, pero ineluctable[27] el que lo lleva a pelear, a caer en el mismo teatro de las hazañas de sus abuelos? ¡Era un Zúñiga, mi hijo, de cuerpo entero!

BERTA.   Si tú lo ves así…

ANDRÉS.   Lo veo, lo veo… Pero… Si es lo que veo materialmente. Piensas tú que acaso sea la imagen de mi propia juventud la que se me aparece proyectada por la memoria… No, no. Es otra cosa, lo sé, es otra vida la que siento al lado mío, que hubiera sido continuación de la mía, eso sí, y que, segada en flor se ha llevado consigo mi verdadera razón de ser en adelante… Solos, ahora, de vuelta en la vida, uno frente a otro, somos como dos espejos fatigados, a los que el azogue se les va poco a poco. Con qué gusto, con qué alegría, ¿verdad?, nos miraríamos ambos en el limpio cristal de unos ojos adolescentes…

---

[26] *atavismo*: comportamiento que hace pervivir ideas o formas de vida propias de los antepasados.
[27] *ineluctable*: dicho de algo contra lo que no puede lucharse.

BERTA.	Sin duda, sin duda… Pero… adolescente… Juanito[28] tendría ya muy cerca de los treinta…
ANDRÉS.	¡No!... Ah, pues… sí, justamente. ¡Pero qué extraño!, no logro nunca representármelo así. No. Ni tampoco de chiquitín, ni de niño como realmente lo he visto. Me lo figuro siempre joven de dieciocho a veinte años; los que tenía cuando lo mataron… Cuando yo pensé que empezara a vivir para nosotros…
BERTA.	Basta, Andrés. Yo comprendo tu exaltación. Y en un día como hoy… Pero por ti, por mí, por nuestra pobre Guadalupe…
ANDRÉS.	Sí, sí, tienes razón. Pero sospecho que ella… también.
BERTA.	También. Y eso, tú comprendes, hay que evitarlo a toda costa. La vida empieza para Guadalupe. No podemos dejar que se agoste[29] tristemente en el culto de un recuerdo de algo…, que ni siquiera fue nunca nada para ella. Hicimos mal, Andrés. Guadita era una niña, cuando excitada por nosotros, contagiada de nuestra alegría de saber de Juan, llegó a considerarse como desposada con su primo.
ANDRÉS.	Oh, de ella partió el escribirle, declararse su madrina de guerra y enviarle su retrato al frente…

---

[28] No es la primera vez que, en la obra dramática de los hermanos Machado, vemos el uso del diminutivo en los nombres propios. Ahí tenemos Jorgito y Conchita en *La prima Fernanda*, Dieguito en *La Lola se va a los puertos*… Aunque donde se da con más frecuencia es precisamente en *El hombre que murió en la guerra*: Juanita, Guadita, Miguelito, Juanito.

[29] *agoste*: consumir, debilitar o destruir las cualidades físicas o morales de alguien.

BERTA.	De ella, sí. Pero hicimos mal en consentirlo, en alentarla... Desde entonces...
ANDRÉS.	Hicimos mal..., acaso..., sin duda. Pero... era tan natural; tan lógico, entonces... Yo quería, nosotros queríamos que él, que tal vez carecía de todo, lo tuviese todo en aquel momento; que se viera asistido de una familia, de un nombre, de una fortuna, de un amor... Y en efecto, en aquellos días él pudo sentirse rico, noble, amado... «No importa», dijo la Muerte, y se lo llevó... Pero ¡qué raro encanto!, ¡qué extraño perfume inquietante dejan esas vidas tronchadas en flor! Así, yo comprendo que Guadalupe...

ESCENA III

Dichos: Pedro, en la puerta del fondo

PEDRO.	Señora... señora...
BERTA.	¿Qué hay, Pedro?
PEDRO.	Acaba de llegar el ama Juliana... Y si, como de costumbre, los señores quieren...
BERTA.	Sí, sí, que pase, que pase aquí inmediatamente...
ANDRÉS.	Yo comprendo que Guadalupe...

ESCENA IV

Berta, Andrés y Juliana. A poco, Guadalupe

BERTA.	¡Pero, ama!
ANDRÉS.	Vaya, Juliana.
BERTA.	De sobra sabe usted que la esperamos siempre con tanto gusto…
ANDRÉS.	Entre usted y siéntese. ¿Viene muy cansada?
JULIANA.	El tren. Pero por nada de este mundo faltaba yo hoy aquí. Es lo único que puedo hacer ya por mi niño.
BERTA.	¡Y cómo se lo agradecemos, Juliana!...
ANDRÉS.	Ya este año no ha venido nadie más que usted.
BERTA.	Eso sí; muchos nos escriben.
JULIANA.	Si ellos lo hubieran conocido tan solo…
ANDRÉS.	Lo quería usted mucho, ¿no?, Juliana.
JULIANA.	Con todas las veras de mi alma. Y también con la sangre de mis venas. Sí, señorito. Como yo le di el pecho en puesto de mi Ramoncillo, que se murió recién nacido, pues… qué… sé yo, me haría de cuenta que aquel niño era el mío… Aunque, por otro lado, bien se echaba de ver que no lo era.
BERTA.	¿En qué Juliana? Pues ¿no somos todos iguales al nacer?
JULIANA.	Al morir puede que lo seamos…, pero lo que es al nacer, que no, señora…
ANDRÉS.	No, señora.
BERTA.	¿Pero en qué podía notarse en tan pocos días?…
JULIANA.	Pues ¿qué sé yo, señorita! Pero en muchísimas cosas… En ná y en tó… En la finura de los cabos, en la dulzura de la piel, en los pies, en las manos… Lo que yo digo es…

ANDRÉS.	Una gran verdad, Juliana, una gran verdad.
JULIANA.	Pues y luego después, cuando el niño fue mayorcito y ya ven ustedes, criado en el cortijo sin más roce ni más compañía que la nuestra y la gente del campo, había que ver con qué sentío y qué gracia hablaba y con qué aire de señoría los traía y los llevaba a tos los chaveas de su tiempo por donde a él le daba la gana, empezando por las dos chiquillas mías. Y toos tan contentos y sin chistar, que parecía que les había dado algo.
ANDRÉS.	¿Era muy travieso? *(Entra Guadalupe, y permanece sin ser vista del ama hasta que lo marca el diálogo.)*
JULIANA.	Mucho, sí señor. Pero de buena manera. Quiero yo decir que nunca llevaba malas ideas. Sus diabluras no iban nunca contra nadie. Solo una vez se peleó con los tres chicos del aperador, tres jastiales[30] mayores que él, y fue porque habían hecho de llorar a mi Angustias. Vino a casa todo arañado y acardenalao, pero riyéndose y sin querernos decir nunca lo que había sido. Cuando lo supimos por la niña, se estuvo cerca de tres días sin hablarle.
GUADALUPE.	Ama, amita, eso no me lo has contado a mí nunca…
JULIANA.	A ti, pastora, clavelito dorao, que Dios te bendiga. Deja, deja que te mire. Eso es, más bonita que el año pasado, ¡mucho más bonita!

---

[30] *hastiales*: persona ruda y grosera. La aspiración de la h inicial es otro rasgo dialectal y diastrático de Juliana.

GUADALUPE.	¡Juliana!
JULIANA.	Y buena, más no, porque más no puede ser. ¡Qué tesoro, señora marquesa!...
BERTA.	Un tesoro escondido como el de los avaros. Ríñale usted, Juliana. Ríñale usted…
JULIANA.	Cómo quiere usted que le riña, señora marquesa, si me entran ganas de adorarla; si le estoy viendo correr por su cara la gracia de Dios.
BERTA.	Pero cada vez más huraña[31], más tristona, más alejada de la vida.
JULIANA.	Una santita, eso es. Por más que si viviera quien yo mesé… Y que no tenía gracia ni ná pa las chavalas el sujeto…
ANDRÉS.	Pero oiga usted, Juliana…
BERTA.	Por Dios, ama, a los siete años.
JULIANA.	Ay, señora, eso nace con la criatura, y se conoce desde un principio…
BERTA.	¿Y usted da por cierto?
JULIANA.	Toma. Que las hubiera tenido así… Y hubiera dado muchos disgustos y muchos gustos, por supuesto…
BERTA.	¿Oyes, Andrés?
ANDRÉS.	Pero no habría dejado de ser fiel a un amor verdadero y único por encima de todo…
GUADALUPE.	Tío…
ANDRÉS.	¡Hija mía!
JULIANA.	A un querer grande, claro está. Al tuyo, que donde tú te pusieras no habría nadie para él. Si parecían nacidos el uno para el otro. ¡Dios mío! ¡Dios mío! ¿Por qué no habrá sido?
ANDRÉS.	¡Juliana!

---

[31] *huraña*: persona que huye y se esconde de la gente.

GUADALUPE.	¡Qué bonitas flores has traído este año, ama! Ya las he puesto yo todas en el altar. Y está precioso. ¿Vamos a verlo, amita?
BERTA.	Espera, hija mía. Déjala que descanse un poquito. Ahora iremos todos. Ya no tardarán en llamarnos para la misa. Y Juliana viene muy fatigada del viaje.
JULIANA.	Pero por mi Juanito, no a Madrid y en el tren; a pie y de rodillas, si fuera preciso, iría yo hasta donde… ¿Adónde?
ANDRÉS.	¡Dónde!
JULIANA.	Pero ¿es posible que no se sepa, señor marqués? ¿O es que ni siquiera enterraban a sus muertos aquellos herejes?
ANDRÉS.	Los enterraban, Juliana. Solo que… Claro está que esto… sin verlo… ¿Cómo entender que la tierra puede removerse, alzarse, hundirse, encresparse, revolverse como el mar en una tempestad?
JULIANA.	Pero el suelo, señor…
ANDRÉS.	El suelo santo, las tierras de Dios, ama; arrastradas por el agua, tostadas por el incendio, voladas por la dinamita, laboradas horriblemente por el cañón durante los cuatro años que duró allí la batalla.
JULIANA.	Cuatro años…
ANDRÉS.	Los que duró la guerra.
JULIANA.	Pero…
ANDRÉS.	Sabíamos, ¿verdad?, que Juanito cayó en las cercanías de Lens, la ciudad minera cabeza de todo aquel departamento. Pues bien, cuando yo logré llegar allí, a las pocas semanas del armisticio[32], autorizado por el

---

[32] *armisticio*: suspensión de hostilidades pactada entre pueblos o ejércitos en conflicto.

gobierno francés para recorrer el campo de batalla, y acompañado por mi amigo, el coronel Roquerol, que se había batido en el mismo frente, ¿sabéis lo que vi? Porque yo lo he visto con estos ojos, que no podrán limpiarse nunca ya de semejante espectáculo...

BERTA. ¡Andrés!

GUADALUPE. ¡Tío!...

JULIANA. ¡Señor!...

ANDRÉS. Por el pronto, la ciudad... Bueno, la ciudad había desaparecido. O, mejor dicho..., como si una hoz formidable hubiera segado el caserío a ras de tierra, sus escombros cubrían el campo en todo lo que abarcaba la vista... A trozos, se conocía aún el trazado de algunas calles, por dos hileras de ladrillos, que apenas sobresalían del suelo y parecían lavados por la lluvia, como dos hilos de sangre. En otros lugares, ni eso. El cañoneo incesante había logrado rastrillar los escombros y borrar todo rastro de construcción o de alineamiento.

JULIANA. ¿Pero ni una casa quedaba en pie?

ANDRÉS. Ni una casa, ni una pared, ni un ladrillo entero. Si os digo que la ciudad había sido como afeitada a ras de tierra y su cadáver demolido, arrasado, despanzurrado y esparcido a los cuatro vientos. Y había de todo entre los escombros: muebles, máquinas, ropas, utensilios, de todo; desde el respaldo de una silla al chasis de un automóvil, a la visera de una gorra, pero

	todo roto, partido, destrozado, hecho materialmente añicos…
JULIANA.	Pero, removiendo aquellos escombros…
ANDRÉS.	Aquellos escombros, Juliana, no pararon de removerse a cañonazos hasta el último día de la guerra. Con el diluvio de granadas y las explosiones de la dinamita, el suelo había cambiado muchas veces de configuración. Precisamente Roquerol y yo oteábamos el campo desde un altozano que había sido antes la boca de una mina. Antes depresión y ahora especie de montículo erizado de toda clase de despojos, y en cuyas laderas resbaladizas asomaban hierros contorcidos, maderas quemadas, armas rotas y tal cual obús sin estallar, cuya espoleta mohosa se confundía –peligro de muerte– con el ocre del terreno. Desde allí se veía bien todo. Enormes marañas de alambre rojizo se amontonaban de trecho en trecho, como espinos de hierro. Semejantes a grandes y repugnantes mariposas grises, medio podridas y comidas por la tierra, salpicaban el campo las caretas para los gases asfixiantes, y millares de cascos ingleses, franceses y alemanes[33] eran como enormes setas venenosas, la única flora, sobre toda la desolada llanura. El viento y la lluvia habían consumido ya la materia orgánica, que impregnó aquellos despojos; el sol secó, sin duda, la enorme gusanera. Los cuervos y grajos –sin embargo– se

---

[33] Como demuestra Enrique Baltanás, los hermanos Machado figuraron en el bando aliadófilo. Vid. BALTANÁS, E., op. cit., pp. 132-133.

abatían allí a menudo, en grandes bandadas, sobre ciertos montones de harapos, donde sin duda quedaba aún algo para ellos. «¿Qué quiere usted encontrar aquí?», me dijo Roquerol, apretándome cariñosamente el brazo que me tenía sujeto. Y como yo bajase desolado la cabeza–: «Mire usted mejor hacia arriba», añadió aquel noble soldado.

ESCENA V

Dichos y Pedro

PEDRO.	Señor, señor…
JULIANA.	No llores, tú, mi vida. Una muerte gloriosa, sí… pero…
BERTA.	¿Qué, Pedro?
PEDRO.	El señor capellán, don Ignacio, dice que está ya revestido y aguarda a los señores para empezar la misa…
BERTA.	Es verdad, las once. Vamos a la capilla y usted descansará luego, Juliana, hasta la hora de comer. Andrés…
ANDRÉS.	¿Qué?
GUADALUPE.	Vamos, tío…
ANDRÉS.	Vamos, hija mía, vamos a oír la misa por nuestro pobre soldado desconocido.

TELÓN

ACTO SEGUNDO

Pedro, cuando ha quedado solo en escena, entorna la ventana lateral por donde entraba el sol de la mañana, y el escenario queda en penumbra. Después de arreglar los objetos que están sobre la mesa, va hacia la puerta de la izquierda que comunica con la capilla y, desde allí mira hacia el interior. Suena un timbre fuera. Pedro sale. A poco aparecen por la puerta del fondo, «Miguel» y Pedro

ESCENA PRIMERA

Pedro y «Miguel»

PEDRO.	El señor tendrá que esperar.
MIGUEL.	¿Cómo cuánto?
PEDRO.	No mucho. Los señores oyen misa en la capilla de la casa.
MIGUEL.	¿Qué santo es hoy?
PEDRO.	Es el aniversario de la muerte del señorito Juan.
MIGUEL.	¿Sí?
PEDRO.	El señorito Juan murió en la guerra hace diez años, tal día como hoy.
MIGUEL.	Tal día como hoy… ¿Pues a cuántos estamos?
PEDRO.	A veinticinco de marzo.
MIGUEL.	¡Tiene gracia!
PEDRO.	¿Decía usted?
MIGUEL.	Que el señorito Juan murió el 15 de abril; si usted no ordena otra cosa…
PEDRO.	Yo… señor…
MIGUEL.	¡Bueno, bueno. Aquí espero! *(Abre un poco*

	la ventana.)
PEDRO.	¿Quiere que le abra más la ventana?
MIGUEL.	No. Así está bien.
PEDRO.	Puede entretenerse leyendo.
MIGUEL.	¡No! *(Alto.)*
PEDRO.	Como el señor quiera. *(Vase por la puerta del foro, mirando a «Miguel» con gran extrañeza.)*

ESCENA II[34]

«Miguel» solo paseando por la habitación y reparando en cuanto indica el texto

MIGUEL.   *(Ante el retrato de don Andrés.)* ¡Qué retrato! Y que un gran señor se deje retratar así… Estas pinturas tan malas apenas dan idea… No, aquí no puede haber ni parecido siquiera. Vestido de maestrante… Se ha retratado para retratar el uniforme. ¡Claro! Y sin embargo, este hombre no será tan estúpido como parece en pintura[35]. Un gran señor…, un mamarracho… Perdone usted, señor. *(Pausa.)* Una panoplia…[36] Y le falta una pieza. *(Con énfasis.)* «Las viejas

---

[34] Como ha visto Mariano de Paco, en esta escena «se unen temas capitales (dualidad Miguel-Juan; guerra frente a paz; nobles y expósitos…) con otros intrascendentes (presencia física y atuendo) y se alude a dos elementos de importancia en la configuración del drama: los espejos y la actuación como en un teatro». En: PACO, Mariano de. *"El hombre que murió en la guerra* y Antonio Machado". En: *Antonio Machado hoy,* op. cit. p. 161.

[35] En otras obras dramáticas, Manuel y Antonio Machado exponen el tema de la fidelidad o desacierto del modelo en la representación de una obra artística. En concreto, en *Desdichas de la fortuna* con el retrato ecuestre del conde-duque de Olivares. Igualmente en *La Lola se va a los puertos* y en *Juan de Mañara*. En *Las adelfas* Salvador reflexiona sobre la verdad retratada en el género fotográfico.

[36] *panoplia*: armadura completa con todas las piezas.

espadas de tiempos gloriosos…»[37]. Es decir, de aquellos tiempos en que no eran viejas. Pero estas armaduras son algo más que hierros mohosos. Hay que respetarlas, hay que respetarlas… ¿Hay que respetarlas? ¡Claro! Además, no estás en tu casa; cuidado, Miguel. No estás en tu casa. Juan estaría en la casa de su padre. *(Reparando en un reloj.)* ¡Bonito reloj! *(Consultando el suyo.)* Con veinte minutos de retraso. Justo. No es mucho para un señor importante que debe hacerse esperar en todas partes. ¡Un señor importante! La importancia se hereda, Miguel. ¿Qué sabes tú de eso? Pero también se puede adquirir. Una importancia sin padres conocidos. He aquí un pequeño problema. Pero lo esencial en un señor importante, es la importancia misma. Hay quien no tiene más que eso: importancia. *(Reparando en el retrato de doña Berta.)* Oh, noble señora… con traje de *soirée*…[38] Digno *pendant*[39], pictóricamente. *(Inclinándose ante el retrato.)* Todos mis respetos. *(Pausa.)* Grata penumbra a estas horas de sol. *(Repara en el retrato de Guadalupe.)* Pero esto hay que verlo a la luz. *(Lleva la fotografía hacia la ventana y la contempla un rato.)* Y es el mismo retrato… Roto el cartón… ¡Claro! ¡Por qué milagro ha vuelto!... ¡Mi linda madrina!

---

[37] Recordemos que Rubén Darío en su poema "Marcha triunfal" de *Cantos de vida y esperanza*, escribía: «Las nobles espadas de tiempos gloriosos, / desde sus panoplias saludan las nuevas coronas y lauros».

[38] *soirée*: fiesta, velada.

[39] *pendant*: expresión para designar a una pareja de piezas de arte.

¡Cuidado! ¡La linda madrina del difunto Juan! *(Haciendo esfuerzo para recordar un nombre.)* ¿Pentesilea?[40]... No, no es eso... ¿Penelo?... No, no tampoco. ¿Cómo te llamas tú? *(Al retrato.)* Una niña que hoy será una mujer... Y ahora estará en la capilla... *(Interrumpiéndose al recordar el nombre.)* Guadalupe. ¡Sí, eso es, Guadalupe..., rezando por Juan! ¡Cuidado! No hay que enternecerse, Miguel. *(Suena una campanilla.)* Ya están alzando... Ahora se arrodillará Guadalupe... ¡Claro, como todos!... Estos complejos sentimentales... en esta penumbra de teatro... ¡Luz, luz! Razón tenía el criado; conviene abrir la ventana. *(Abre la ventana.)* Y sálvese quien pueda... ¡Claro! El retrato de Guadalupe. *(Empieza a pasearse algo inquieto.)* No, ya no debe tardar... *(Imaginando la entrada de don Andrés.)* ¿Es el señor marqués del Castellar y Pozo Blanco?... El mismo... ¿Y a quién tengo el honor?... Miguel de la Cruz, expósito[41]. No, no, soldado...; tampoco... ex combatiente... Esta es la palabra. Pero mejor será Miguel de la Cruz, a secas. *(Vuelve a pasearse por la habitación.)* ¿Marcharse? ¿Para volver? O escribirle. Sí, pero dejando tarjeta. *(Saca la cartera y varias tarjetas.)* Miguel de la Cruz, *homme d'affaires*[42]. No. Miguel de la

---

[40] Según la mitología griega, Pentesilea o Pentesilia era una reina amazona.

[41] *expósito*: dicho de un recién nacido, abandonado, expuesto o confiado a un establecimiento benéfico.

[42] *homme d'affaires*: hombre de negocios.

Cruz, *globe-troter*[43]. No. Negro, honorario de la República de Haití. No, no, un poco de paciencia, Miguel de la Cruz: ya no puede tardar. *(Vuelve a pasear y se fija en un espejo.)* ¡Un espejo! ¡Cuántas veces habrá reflejado la imagen de Guadalupe!... ¡Y tantas otras! ¡Claro! Es el oficio de los espejos. Y qué corbata llevas, Miguelito. Y ni siquiera estás bien afeitado, *rasé de frais*[44], que dirían los franceses. ¡Al fin!... Y viene también el cura. ¡Un funeral con cura y todo!... Allá en la guerra... Lujos de la paz... ¡Pobre Miguel!, ¡cuidado! ¡Pobre Juan!

ESCENA III

«Miguel», Andrés, doña Berta, Guadalupe, don Ignacio, después el criado Pedro

ANDRÉS.	*(Refiriéndose al ama Juliana.)* Completamente dormida. A sus años y... Ah, señor. *(Reparando en «Miguel».)* ¿Me esperaba? No sabía. ¿Es usted la persona que vino esta mañana a primera hora?
MIGUEL.	La misma.
ANDRÉS.	Don...
MIGUEL.	Miguel: Miguel de la Cruz.
ANDRÉS.	Muy señor mío. Un momento. Discúlpeme usted. Perdonad vosotras y atended como siempre a don Ignacio. Usted me excusa,

---

[43] *globe-troter*: trotamundos.
[44] *rasé de frais*: afeitarse.

	¿verdad?
MIGUEL.	¡No faltaba más!
ANDRÉS.	Figúrese usted, en mi estado de espíritu, ahora…
MIGUEL.	*(Viendo a Guadalupe.)* Una mujer ya…, claro. Pero, ¿una mujer?... Bah. Y, en el fondo, la misma niña… *(Guadalupe baja los ojos ruborizada, bajo la insistente mirada de Juan.)*
ANDRÉS.	Pasen al comedor. Un momento, don Ignacio.
IGNACIO.	¡Por Dios, señor marqués!
ANDRÉS.	No, voy en seguida.
IGNACIO.	Pues sí, señora marquesa, sí; «un bel morir, tutta una vita onora»[45].
GUADALUPE.	¡Madre!
BERTA.	¿Qué?
GUADALUPE.	¿Ese hombre?...
BERTA.	¿Qué, hija mía?
GUADALUPE.	Que… no me es nada simpático. *(Vanse.)*
MIGUEL.	*(Al ver retirarse a Guadalupe.)* Guadalupe… ¡Oh, es mucho mejor que su retrato!

ESCENA IV

Don Andrés y Miguel

ANDRÉS.	Estoy a sus órdenes. Tenga la bondad de sentarse.
MIGUEL.	Perdone usted… Un momento. *(Sin sentarse, aparte.)* No, no es tan ridículo

---

[45] *un bel morir, tutta una vita onora*: conocido verso de Francesco Petrarca con el significado de «una muerte hermosa honra toda una vida».

	como su retrato.
ANDRÉS.	Usted me dirá…
MIGUEL.	*(Un señor como otro cualquiera, sin demasiada importancia.)* Yo soy un… ex combatiente…, superviviente de la guerra mundial y compañero de armas de Juan de Zúñiga, su difunto hijo.
ANDRÉS.	¡Compañero de Juan!
MIGUEL.	Justo… Y antes de sentarme, y para evitarle la molestia de levantarse, le ruego que me permita estrecharle en mis brazos. *(Aparte.)* ¿Se dice estrechar? Bien digo (sí es lo corriente); para cumplir, aunque tardíamente, un encargo de su difunto hijo. *(Aparte.)* ¿Se dice así?
ANDRÉS.	¡Pobre hijo mío! *(Le abraza.)*
MIGUEL.	¡Claro, que el encargo fue anterior a la defunción!…
ANDRÉS.	Naturalmente. *(Aparte.)* (Este hombre es un loco. O ¿será un cínico?).
MIGUEL.	Perdone usted. Me gusta hablar con propiedad. En primer término, un difunto no suele encargar nada a nadie. Además, yo quiero hacer constar, que Juan estaba vivo y muy vivo, es decir, que ni siquiera pensaba en la muerte, cuando me hizo este encargo. En la guerra nadie se ocupa de disposiciones testamentarias. ¿Comprende usted?
ANDRÉS.	No mucho. *(Aparte.)* (Es un extraviado, un intelectual).
MIGUEL.	Sí, en la guerra, la muerte es lo que puede llegar a cada momento…
ANDRÉS.	Entonces… *(Aparte.)* (Loco más bien).

MIGUEL.	Pero, por eso mismo, es lo que en cada momento se quiere que no llegue, se espera que no ha de llegar. La obsesión de un soldado es su propia vida, la esperanza de seguir viviendo… ¿Comprende usted?
ANDRÉS.	*(Aparte.)* (No es lerdo[46] el mozo, algo insolente nada más). Comprendo.
MIGUEL.	Solo el cansancio, la extenuación, hace alguna vez que el soldado desee la muerte, pero entonces no piensa en nada que le sobreviva.
ANDRÉS.	Es posible…, pero mi hijo…
MIGUEL.	Su hijo estaba muy vivo; había descansado, había comido y hasta tomado café; era en un momento de optimismo vital, de perfecta euforia, que dicen los médicos, cuando me dijo: «Miguel, si vas a España –yo tomaré otros caminos–, visita a mi padre»…
ANDRÉS.	¿Él no pensaba volver?
MIGUEL.	No. «Visita a mi padre y llévale un abrazo de parte mía». Eso, en primer lugar... *(Se queda mirándole fijamente.)*
ANDRÉS.	*(Aparte.)* (No es antipático este muchacho).
MIGUEL.	Él te acogerá amablemente…
ANDRÉS.	Sin duda…
MIGUEL.	Si invocas…
ANDRÉS.	¡Claro!
MIGUEL.	Tu calidad…
ANDRÉS.	De compañero…
MIGUEL.	Y, sobre todo, de hombre sin padres conocidos…
ANDRÉS.	¿Dice usted? *(Con extrañeza.)*

---

[46] *lerdo*: torpe. Vemos cómo en los apartes don Andrés va rectificando su percepción sobre el carácter de Miguel de la Cruz.

MIGUEL.	Sin padres conocidos…
ANDRÉS.	¿Usted…, don…
MIGUEL.	Sin don. Miguel de la Cruz, expósito.
ANDRÉS.	*(Aparte.)* (Un cínico… ¡Peligroso!)…
MIGUEL.	*(Aparte.)* (¡Qué cara pone! ¡Es gracioso!). Tranquilícese usted, señor. No vengo a pedirle a usted dinero… Al contrario; si necesita usted… *(Llevándose la mano a la cartera.)*
ANDRÉS.	¡Caballero!
MIGUEL.	Nada de eso. Los caballeros no salen del hospicio. Buena persona, y nada más… Tranquilícese usted y escuche. Pensaba Juan, su hijo –hoy difunto–, esta es la expresión, que un hombre como yo, sin padres conocidos, se recomienda vagamente, gracias a esta misma obscuridad de su origen, a la benevolencia de un señor, como usted, que por sus años –perdón–, los suficientes para tener hijos de mi edad, y por sus hábitos de galantería, pudiera ser su padre. ¿Comprende usted?
ANDRÉS.	Vagamente, como usted dice, pero…
MIGUEL.	Aquí estoy yo –decía Juan– como prueba evidente de que mi padre no había hecho voto de castidad… antes del matrimonio[47]. Y tú, Miguelito, amigo, compañero, hermano, que así quiero llamarte. ¡Y quién sabe si lo eres, –has de mirar con respeto, no exento de simpatía– a todo señor de quien pudieras ser hijo! Así pensaba Juan…
ANDRÉS.	*(Aparte.)* (Mi pobre hijo no se chupaba el

---

[47] Recordemos que don Juan de Zúñiga nació de la relación entre don Andrés e Isabel, antes de casarse aquel con Berta.

	dedo).
MIGUEL.	Su hijo de usted no se chupaba el dedo…
ANDRÉS.	*(Se le queda mirando con extrañeza.)* De acuerdo. (¡Claro! ¡Un Zúñiga!) *(Aparte.)*
MIGUEL.	Un Zúñiga soy, me dijo un día, el último quizá de los Zúñigas.
ANDRÉS.	*(Aparte.)* (¡Pobre hijo mío!)[48]
MIGUEL.	Y, acaso, el primero con sentido común. Sin embargo, ¿piensas tú que las balas han de tenerlo en cuenta? Por lo demás, ¡cuántos como nosotros viven enterrados en estas abominables zanjas, sin otra misión que matar y esperar la muerte! Millones, ¿verdad? Pues cada uno de ellos, con raras y honrosas excepciones, tiene un padre y una madre para él solo. ¿Qué te parece, Miguelito? Un sarcasmo, ¿verdad? La ternura y amor de una madre para su hijo – yo no conocí a la mía, no puedo recordarla. ¿Alguien la recuerda? ¡Qué cosa tan sagrada! Los afanes y desvelos de un padre para guardar su prole[49], sus cuidados para educarla y formar su espíritu. ¡Todo esto parece que honra a la especie humana, ¿verdad? Y sin embargo, la guerra nos enseña que debe haber algo absurdo en todo esto…
ANDRÉS.	¿Así pensaba mi hijo? *(Aparte.)* (¡Un Zúñiga!).
MIGUEL.	Así pensábamos todos. Era la guerra misma

---

[48] Para Jorge de la Cueva, el empleo de monólogos y apartes «revelan una preocupación constante por orientar al espectador, lo que solo es preciso en obras donde la manera de actuar de los personajes son indicios claros de sus ideas y sentimientos». Vid. CUEVA, J. de la, op. cit., p. 81.

[49] *prole*: linaje, hijos o descendencia de alguien.

	la que argüía en nuestras conciencias.
ANDRÉS.	La guerra, señor de la Cruz, es cruel, ciertamente, pero puede ser noble, santa.
MIGUEL.	Así pensaba Juan cuando fue a ella y sin que nadie lo llamase, pero lo que él decía, ¿para qué tanto mimo en la paz? O lo uno o lo otro. Si la paz fuese más dura, menos sentimental, la guerra nos parecería menos cruel. Acaso nunca llegase a evitarse. Pero una vaga paternidad, la del que sabe que tiene hijos e ignora quiénes sean, crearía tal vez una fraternidad de radio más largo, menos llorona, menos sensiblera, pero más respetuosa con el pellejo del prójimo. Cuando su hijo recibió la carta de usted... ¿Le interesa el tema?...
ANDRÉS.	Sin duda. Cuénteme, Miguel. Acérquese más.
MIGUEL.	Precisamente el día antes de su muerte...
ANDRÉS.	(Aparte.) (¡Pobre hijo mío!).
MIGUEL.	Me dijo: «Mira, Miguel, lo que me escribe mi buen padre. Y me dio a leer aquella carta en que usted prometía restituirlo a un hogar confortable, reconocerlo como el último vástago de una estirpe ilustre y, hasta porque nada pudiera faltarle, le enviaba el retrato de su prima Penelop... Guadalupe, como linda madrina de guerra». «¿Y qué piensa ahora don Juan de Zúñiga –le dije yo–, el ilustre futuro marqués de Castellar y Pozo Blanco, de los hombres sin padres conocidos?».
ANDRÉS.	¿Le dijo usted?... Y él, ¿qué contestó?
MIGUEL.	Por de pronto, nada. Quedó silencioso y

pensativo y, al cabo de un rato, me dijo sonriente. «¿Te gustaría ser marqués, Miguelito?». «¿Yo?», le contesté. «¡Qué cosas tienes, Juan!». «¿Sabes lo que he pensado? –añadió–. Mi padre no me conoce, me vio de siete años por última vez; tienes mi misma edad, y un cuerpo semejante al mío; ¡cuántas veces hemos cambiado ya nuestros uniformes! ¿Por qué no cambiamos nuestra documentación y nuestra medalla de soldado? ¿Por qué no has de ser tú Juan de Zúñiga, y yo Miguel de la Cruz?».

ANDRÉS. ¿Así dijo?... ¿Y usted? (¡Dios mío!)

MIGUEL. ¡Yo! Comprenderá usted que un hombre como yo –tan bien nacido–, según las teorías de Juan no había de prestarme a semejante superchería[50]. Nobleza obliga, señor. Pero repare usted. ¿Le interesa el tema?

ANDRÉS. Sí.

MIGUEL. Repare usted en la hazaña que proyectaba, antes de morir el último de los Zúñigas. Porque Juan era un Zúñiga de cuerpo entero...

ANDRÉS. Verdad, verdad. Hijo mío... *(Rompiendo a llorar.)*

MIGUEL. Oh, no. (¡Pobre señor!) No se aflija usted. ¿Qué diría su hijo si le viera llorar? Juan no lloraba nunca... Y le quería a usted mucho. Y tenía muy alta idea de usted, antes de recibir su última carta. Él decía: «¡Qué gran padre tengo, Miguel! Me dio la vida, cosa

---

[50] *superchería*: engaño, fraude.

	tan importante, sin darle importancia, como por juego, y ni siquiera me exige que se la agradezca. Solo el tuyo, Miguel, pudo ser más grande que el mío… Sin duda fue un príncipe a juzgar por el riguroso incógnito de su paternidad».
ANDRÉS.	(¡Pero loco, loco! ¡Pobre hijo mío!). *(Aparte.)*
MIGUEL.	A la mañana siguiente, escúcheme don Andrés, se nos dio orden de salir de nuestras zanjas y de asaltar las trincheras enemigas. Nos colgaron nuestros cuchillos de combate para el cuerpo a cuerpo. Llegó nuestra hora, Miguelito, dijo Juan: «la hora de honrar a nuestros padres, defendiendo la vida que ellos nos dieron. Además, esos alemanes quieren ser amos del mundo, aspiración muy grande, ciertamente, pero el mundo prefiere ser libre, y esto es más grande todavía». Así habló Juan de Zúñiga...
ANDRÉS.	(¡Un héroe, un santo, pero loco, loco!).
MIGUEL.	Luchamos como leones, don Andrés. Juan cayó herido de muerte por una bayoneta. Terminado el asalto, Juan respiraba todavía. Fui hacia él, que me miraba tristemente y señalaba a su pecho, donde guardaba sus papeles y el retrato de Guadalupe. «Si quieres ser marqués, Miguel…, nada más fácil»… Estas fueron las últimas palabras de Juan. Yo tomé de su pecho solo los retratos…
ANDRÉS.	¿Los retratos?
MIGUEL.	Sí; el de su bella madrina de guerra que le

	enviaron a usted por encargo mío y… el otro…
ANDRÉS.	¿Cuál?
MIGUEL.	El suyo… *(Sacando un retrato.)* Aquí lo tiene usted, vestido de soldado…
ANDRÉS.	¡Oh, deme usted, Miguel!
	(Coge el retrato y lo contempla largo rato en silencio. Miguel le observa, reparando en el efecto de extrañeza que el retrato le produce.)
MIGUEL.	El uniforme no favorece mucho. Un soldado parece siempre algo genérico, sin carácter individual… ¡Oh! Y en aquella guerra… Él era bastante mejor…
ANDRÉS.	¡Mejor, mejor!... ¡Claro!
MIGUEL.	Ese retrato no da idea… La frente, lo más noble de Juan, casi la tapa el casco. Sin embargo, esos ojos…
ANDRÉS.	Sí, sí, estos ojos… ¡Era un Zúñiga mi pobre hijo!
MIGUEL.	¡Y tanto!
ANDRÉS.	¡Pobre hijo mío!
MIGUEL.	*(Aparte.)* *(Requiescat in pace*[51], Juan. ¡Miguel, Miguel para siempre!)*[52].

TELÓN

---

[51] *requiescat in pace*: epitafio latino con el significado de «descanse en paz».

[52] El acto II es continuación temporal del anterior. En el siguiente se produce un salto temporal, mientras que el IV supone otro avance: Juan «se siente conmovido, pero debe seguir su búsqueda por el mundo». Véase CUTILLAS, V., op. cit., p. 57.

ACTO TERCERO

ESCENA PRIMERA

Sala de retratos en el palacio del marqués. En una mesa central, en un caballete y en lujoso marco, la fotografía de Miguel de la Cruz. El criado Pedro reparando en el retrato

PEDRO.   ¡El pobre señorito Juan!... *(Coge el retrato y lo mira atentamente.)* ¿Era este el señorito Juan? *(Llaman al timbre y deja el retrato precipitadamente.)* Este no era el señorito Juan. *(Vase por la puerta del fondo.)*

ESCENA II

Doña Berta sale por la puerta lateral izquierda, llega hasta el retrato, lo coge y lo mira atentamente a través de sus impertinentes[53].

BERTA.   Enteramente a la madre. *(Deja el retrato y sale por la puerta lateral derecha.)*

ESCENA III

El ama Juliana aparece por la puerta lateral izquierda y de puntillas mirando a un lado y otro, como temiendo ser sorprendida, se acerca a la mesita central. Coge el retrato del

---

[53] *impertinentes*: anteojos con manija, usados por las señoras.

caballete y lo estrecha tiernamente contra su pecho, como haría con un niño. Después, al irlo a besar, lo mira y remira por todos lados con angustiosa desilusión, que en vano trata ella misma de disipar

JULIANA. ¡Hijo mío! Por fin voy a verte a mi gusto, a comerte a besos. Ven acá tú, gloria de mi vida, ven... Claro, un pobrecito soldado como otro cualquiera... Y con este perol[54] en la cabeza... Pero ¿y aquella boca de rosa, y aquel aire y aquellos soles de ojos... O son los míos que no quieren ver, ¿verdad, mi vida? Dímelo tú... *(Se oye dentro a* DON ANDRÉS, *que dice al criado.)*

ANDRÉS. *(Dentro.)* Bueno, bueno, ya sé.

JULIANA. ¡Ay! *(Escapa y tira un beso al retrato.)*

ESCENA IV

Andrés y Pedro

PEDRO. El señor tiene preparada en su cuarto la ropa de...

ANDRÉS. *(Interrumpiéndole para que se vaya.)* Sí, sí... Pues dile a Juan que allá voy.

PEDRO. Ya lo espera él allí a vuestra excelencia como siempre.

ANDRÉS. Ve, sin embargo. A lo mejor...

PEDRO. ¡Oh, no hay cuidado...!

ANDRÉS. ¿Qué es esto? Parece que replicas.

PEDRO. ¡Oh, perdone el señor marqués! *(Aparte y*

---

[54] Se compara el casco con una vasija esférica de metal que sirve para cocer alimentos.

	mirando hacia el retrato de Miguel.) ¡Ah, vamos!; el famoso retrato del señorito. Pues digan lo que quieran…
ANDRÉS.	¿Qué murmurabas?
PEDRO.	Nada, señor. Ya me voy…

ESCENA V

Don Andrés solo

ANDRÉS.   *(Contemplando el retrato.)* Un soldado, un soldado cualquiera… La nariz, sin embargo, tiene alguna nobleza. Sí, la nariz es Zúñiga. Pero esta mandíbula inferior tan abultada… Bah. ¡La herencia es un misterio! Sobre todo desde que la ciencia ha suplantado a la heráldica…[55] ¡Qué sabemos!... Además, por parte de su madre, mi pobre Julia… Una familia modesta…, sus abuelos quizá gente plebeya, labriegos, aldeanos…; acaso de alguno de ellos sacó estas cejas tan pobladas y este ceño…, ¿o quién sabe? A don Froilán de Zúñiga, primer conde de Épila, llamaban el del ceño anubarrado, tanta era la oscuridad de su entrecejo. Cuentan que le decía el Rey don Pedro I de Aragón: Siempre que te veo, Froilán, temo que llueva. *(Reparando en el retrato de Guillén de Quijares.)* Y aquí estás tú, buen Guillén de Quijares. ¡Quijares! Tu mismo apellido es mote que

---

[55] *heráldica*: disciplina que estudia los escudos de armas de una familia, dinastía, una institución o una localidad.

pregona la importancia de tus mandíbulas…

ESCENA VI

Dicho y Guadalupe

ANDRÉS.   Tú ya por estas latitudes…

GUADALUPE.   Y usted sin cambiarse aún, tío.

ANDRÉS.   Acabo de llegar, hija mía. *(GUADALUPE lo mira de pies a cabeza, como detallando su traje. Él comprende y sigue.)* ¿Eh? Sí… Mi famosa cabalgada de todas las tardes… No quiero renunciar a ella. Ya sé que eso no se estila hoy. Somos unos tipos raros los dos o tres que conservamos esta afición en Madrid. Pero…

GUADALUPE.   Ayer lo acompañó a usted ese… Mi…

ANDRÉS.   Miguel. Ayer. Hoy…

GUADALUPE.   Hoy, no. Ya lo veo. Por cierto que hará a caballo una buena figura.

ANDRÉS.   Pues el caso es que… ¡Claro!... El pobre Miguel no es un hombre de raza… Pero tiene, sin duda, un poder de adaptación…

GUADALUPE.   No lo diría nadie.

ANDRÉS.   Y luego quizá el hecho de haber sido militar… Eso siempre dignifica, ennoblece. Ello es que no hace a caballo tan mala figura como tú pudieras creer.

GUADALUPE.   ¿Yo?

ANDRÉS.   Desde luego, no hay en él esa elegancia que… ¡Claro! Pero si siguiera a mi lado…

GUADALUPE.   ¡Ay, no lo quiera Dios!

ANDRÉS.   ¿Por qué, chiquita?

GUADALUPE.   Ni él tampoco, supongo…

ANDRÉS.   Yo comprendo que su rudeza, su falta de maneras, choquen un poco con tu natural exquisito. Pero, hija mía, tengamos caridad. No a todos nos es dado nacer y educarse entre gentes *comme il faut*[56]. Ese pobre muchacho…

GUADALUPE.   Ni tan pobre ni tan muchacho, ni tan rudo como usted dice, tío. No, no es su rudeza lo que a mí me disgusta. Precisamente sus maneras me parecen impropias de la humildad de su origen.

ANDRÉS.   Compréndeme… Yo no veo en él sino al camarada, al hermano de armas de mi Juanito. Todo lo que me interesa de él es lo que pueda quedarle del trato, de la camaradería con aquel que queríamos tanto… sin conocerlo…

GUADALUPE.   ¿Usted lo ve? ¿Usted ve a Juan a través de ese hombre? A mí me sucede todo lo contrario… Sus palabras me lo ocultan, me lo borran, deshacen la imagen de Juan que yo había concebido. Y que estaba aquí, que está aquí, firme, firme, a pesar del… *(Iba a decir del retrato, a donde mira involuntariamente.)* Oh, no comprendo la simpatía de usted por ese hombre. Yo lo detesto.

ANDRÉS.   Cuidado, nena.

GUADALUPE.   ¿Cuidado?

ANDRÉS.   Aborrecimiento sin causas, suele ser muchas veces…

GUADALUPE.   ¿Qué, qué?

---

[56] *comme il faut*: entre gentes de bien.

72

ANDRÉS.	Nada, chiquilla. Voy a quitarme estos arreos incómodos… Un momento. En seguida vuelvo. Ya es la hora del té, y Miguel debe llegar en seguida. Si no viniera…
GUADALUPE.	Ya lo tomaríamos sin él…
ANDRÉS.	¡Claro!... Hasta pronto. *(Vase.)*

ESCENA VII

Guadalupe y el retrato

| GUADALUPE. | Aquí contra mi pecho… Como estaba yo sobre el tuyo –en imagen. ¿En imagen? Cuando lo pasaron las balas. Sí, sí, mi retrato–. ¿Por qué no era yo misma? Estaba sobre tu corazón y fue tu sangre la que… Pero dímelo tú mismo, háblame, mírame… De niña me daban tanto miedo esas viejas pinturas de nuestros abuelos… Y hoy me parece, en cambio, comprender el misterioso lenguaje de sus ojos fijos en mí… Cariño…, protección… Vigilancia. ¡Y tú, nada, nada!... Óyeme, Juan, por lo que soñé contigo, por lo que te he esperado, ¿verdad que tú no eres como ese hombre dice, ese Miguel, ese intruso en nuestra vida?…, ese pobre, ¡no!, ese malvado que quiere matarte otra vez en mi alma… Oh, nada, nada… |

ESCENA VIII

Guadalupe y Miguel de la Cruz

GUADALUPE. Ah, señor de la Cruz... *(Sorprendida por la entrada de Miguel.)*

MIGUEL. ¡Señorita!... *(Saludando cortésmente y afectando no reparar en la inquietud de Guadalupe.)*

GUADALUPE. Lo esperábamos... Es decir, mi tío lo esperaba a usted. Voy, con su permiso, a llamarlo.

MIGUEL. ¿Para qué? Su tío ya sabe que he venido.

GUADALUPE. De todos modos...

MIGUEL. ¡Cómo siento haber interrumpido su diálogo!

GUADALUPE. ¿Mi diálogo?... *(Algo desconcertada.)*

MIGUEL. Me pareció que hablaba usted con alguien cuando llegué.

GUADALUPE. Pues ya ve usted que estaba sola.

MIGUEL. Sí, en efecto. Pero ahora está usted conmigo. Yo le ruego unos minutos de compañía, mientras viene su tío.

GUADALUPE. Señor de la Cruz... *(Con mal disimulado disgusto.)*

MIGUEL. Si quisiera usted llamarme por mi nombre de pila... Me llamo Miguel. El apellido de un hospiciano tiene poca importancia, y, precedido de un «señor de»..., casi parece una ironía. *(Mirando fijamente a Guadalupe.)* Llámeme Miguel...

GUADALUPE. Miguel...

MIGUEL. ¡Claro! Y al llamarme así, ni siquiera me apea el tratamiento, porque mi nombre no ha cabalgado nunca. Además, repare usted en el poco trabajo que a mí me cuesta llamarle a usted, Guadalupe… Óigame usted, Guadalupe…

GUADALUPE. Diga usted, Miguel. *(Mirándolo fijamente)…*

MIGUEL. No le soy a usted muy simpático, ¿verdad? Nada simpático, lo veo.

GUADALUPE. Usted se lo dice todo…

MIGUEL. Sin embargo, un poco de gratitud, al menos, creo merecerle.

GUADALUPE. ¿Sí?... No comprendo.

MIGUEL. Reflexione usted, Guadalupe. Supongo que su tío le habrá contado…

GUADALUPE. Todo cuanto usted le dijo.

MIGUEL. Pues ya sabe usted lo que Juan me propuso y lo que yo no quise aceptar: un trueque en beneficio mío, una suplantación completa de la personalidad de su ilustre apadrinado, con todos los medios para realizarla. ¿Qué opina usted de mi conducta, Guadalupe?

GUADALUPE. ¡Ah!... *(La exclamación indica no haber reparado en este aspecto de la cuestión.)* Creo que hizo usted bien… No quiso usted fingir, engañar… Sin duda hizo usted bien… *(Con afectada frialdad.)*

MIGUEL. Puede venir a esta casa como Juan de Zúñiga, y entonces –procure usted imaginarlo– ¡qué grave conflicto sentimental para usted! Porque hubiera tenido usted que alegrarse al ver a su prometido, vuelto inesperadamente a la vida, llorar de alegría, Guadalupe, y hasta desmayarse… Y sin embargo ¡qué horrible desilusión! Porque yo no hubiera sido nunca el Juan de Zúñiga que usted ha soñado. *(Pausa.)* Claro que el Juan de Zúñiga que usted ha soñado tampoco era el Juan de Zúñiga verdadero, mi noble amigo, a quien usted no ha conocido.

GUADALUPE. Es verdad, yo no lo he conocido, pero…

MIGUEL. Pero lo ha soñado. Y acaso piensa usted que un hombre soñado es siempre mejor que un hombre verdadero. Juan pensaba todo lo contrario.

GUADALUPE. ¿Sí?

MIGUEL. En esto estábamos de perfecto acuerdo… *(Pausa.)* Pero no quisiera detenerla… Su tío…

GUADALUPE. Vendrá… Seguramente el criado le avisó su llegada. *(Pausa.)* Dígame usted, Miguel…

MIGUEL. Guadalupe…

GUADALUPE. ¿No podría usted decirme algo en que no estuviese usted de acuerdo con Juan, algo que Juan, en su caso, no hubiera dicho?

MIGUEL. ¡Oh, tantas cosas le diría!...

GUADALUPE. Alguna…

MIGUEL. Se la diré, Guadalupe. Pero antes quisiera yo que usted comprendiera bien una cosa muy sencilla: que Juan de Zúñiga y yo nos parecíamos mucho más, que Juan de Zúñiga, y el Juan de Zúñiga que usted ha soñado; porque siempre son más semejantes dos hombres, que un hombre y un fantasma. Esto lo veíamos muy claro en las trincheras; era lo único que veíamos completamente claro. Usted, en cambio, no lo comprende todavía. ¡Es natural!

GUADALUPE.	Acaso quiere usted decir, que ante la muerte todos somos iguales…
MIGUEL.	Eso… Pero no precisamente eso. Porque ante la muerte, Guadalupe, todos queremos vivir, y, además pensamos —esta es la gran revelación de la guerra— que no hemos hecho otra cosa en la vida: querer vivir, de modo que lo igualitario, lo terriblemente igualitario es, en última instancia, la vida misma. De la muerte no sabemos nada, y cada cual puede imaginarla a su antojo. Y ahora, dígame: ¿qué piensa usted de Juan?
GUADALUPE.	Que fue muy generoso con usted.
MIGUEL.	¿Sí?
GUADALUPE.	Generoso hasta la locura.
MIGUEL.	Eso cree usted… Yo, francamente, en cuanto Juan me propuso no acerté nunca a ver demasiada generosidad; locura, tampoco.
GUADALUPE.	Él le cedía, quiso cederle a usted cuanto a él por su nacimiento correspondía: fortuna, nombre, familia, un porvenir seguro, un hogar…
MIGUEL.	Siga usted, Guadalupe; me cedía más: su madrina de guerra.
GUADALUPE.	Eso… también, que no es mucho, pero al fin, algo más…
MIGUEL.	Algo más que yo, en su caso, no hubiera cedido nunca.
GUADALUPE.	¿Usted?
MIGUEL.	No, no es un piropo indirecto, Guadalupe… Su madrina de guerra podía ser, en efecto, lo más insignificante de cuanto Juan me cedía. Pero una mujer debe inspirar siempre

un poco de curiosidad, porque también pudiera ser algo tan importante como un hombre. *(Pausa.)* A la luz de la guerra, para quien vive enterrado en la trinchera, si es capaz de pensar ante la muerte, nombre, fortuna, familia, hogar, son lujos de la paz, fantasmas de un sueño; cabe imaginar que se despierte sin ellos, como despierta el niño que soñaba un bazar de ilusiones. Una mujer, ya es otra cosa. Para el mundo nuevo, en que Juan soñaba, digo mal, porque Juan no soñaba, ¿quién sueña en la guerra? Para el mundo nuevo en que Juan quería despertar, una mujer era tan necesaria como un hombre. ¿En qué piensa usted, Guadalupe?

GUADALUPE. Pienso que en ese mundo a que usted alude, Juan y yo, nunca nos hubiéramos encontrado.

MIGUEL. ¿Cree usted?

GUADALUPE. Sí. Porque yo soy también un lujo de la paz, el más superfluo; pertenezco al viejo mundo de fantasmas a que él tan fácilmente renunciaba. Con todo, Juan fue generoso con usted; no estimaba lo que tenía, pero, al fin, lo daba todo. ¿Qué más podía hacer? Usted, en cambio…

MIGUEL. Yo…

GUADALUPE. Es ingrato con él… o, acaso…, pero no me atrevo a decírselo.

MIGUEL. Dígamelo sin atreverse.

GUADALUPE. Acaso la superchería a que usted no quiso prestarse entonces, es la misma que está usted cometiendo ahora.

MIGUEL.	¿Sí?
GUADALUPE.	Porque usted me habla como Juan, en su caso, me hablaría; pretende usted pensar y sentir como Juan; y quiere usted, además, que yo crea en un Juan tan parecido a usted... No, eso no, Miguel; Juan no era como usted.
MIGUEL.	No era como yo, Guadalupe, en efecto. Juan era un Zúñiga, un hombre de raza, tenía su orgullo... Sí, en el fondo, era soberbio, con la soberbia rebelde de los bastardos, aristocracia resentida, descontento siempre de su destino. Acaso el error del señor marqués fue pensar que podía hacer la felicidad de su hijo, quitándole todo motivo de descontento. Porque un descontento no se contenta nunca. En las palabras de Juan había siempre una gran ironía. Él, a su manera, me quiso ¿a qué negarlo? pero seguramente no me estimaba. Yo era para él, Miguelito, un pobre diablo. Creía sin duda, que todo aquello a que él renunciaba era suficiente y sobrado para hacer mi felicidad. Pensaba que yo debía aceptar lleno de júbilo y de entusiasmo, cuanto él me ofrecía. ¡Claro! ¿Cuándo me hubiera yo visto en otra? No llegó a comprender hasta última hora, que la lección de la guerra, la de sus mil bocas de fuego, vomitando metralla sobre nosotros, era la misma para todos; para él un Zúñiga, y para mí un pelanas[57]. ¡La misma! Pero él no me concedía el derecho

---

[57] *pelanas*: persona inútil y despreciable.

	al orgullo y no pensó nunca que pudiera ofenderme su ofrecimiento. Sin embargo…
GUADALUPE.	Sin embargo, usted no se lo ha perdonado todavía. Es usted mucho más orgulloso que Juan.
MIGUEL.	Más orgulloso que Juan… Sin duda. Pero con un orgullo más modesto.
GUADALUPE.	¿Dice usted?
MIGUEL.	Más modesto. Porque Juan podía estar orgulloso, lo estaba, en el fondo, de ser un Zúñiga, el último vástago de una estirpe ilustre.
GUADALUPE.	¿Y usted?
MIGUEL.	Yo, de ser un hombre y nada más.
GUADALUPE.	¿Nada más?
MIGUEL.	Nada más. Tengo el orgullo que necesita el hombre para salvarse.
GUADALUPE.	¿Para salvarse?... Nuestro Señor predicó la humildad.
MIGUEL.	Cuando vuelva predicará el orgullo… De sabios es mudar de consejo. No, no se escandalice usted, Guadalupe; nuestro Señor predicó humildad a los poderosos; hoy predicaría orgullo a los humildes. Si el Cristo vuelve y nos habla otra vez, sus palabras serán aproximadamente las mismas: «Acordaos de que sois hijos de Dios, que por parte de padre sois alguien, niños». Traducido al lenguaje profano: «Nadie es más que nadie». Porque, por mucho que valga un hombre, nunca tendrá valor más alto, que el valor de ser hombre.
GUADALUPE.	Eso piensa usted, Miguel, ¿pero Juan, qué pensaba?

MIGUEL.	No sé, Guadalupe. En el momento de morir, quizá vio esto tan claro como yo; acaso se arrepintió de su ironía y murió con el remordimiento de haberme querido disfrazar de marqués.
GUADALUPE.	¿Lo cree usted?
MIGUEL.	Lo sospecho, porque su última mirada fue puramente fraterna, sin ninguna ironía; una mirada de hombre a hombre.
GUADALUPE.	¿Así lo recuerda usted?
MIGUEL.	Así lo recuerdo, así lo veo muchas veces… Pero, Juan murió. Paz a los muertos.
GUADALUPE.	¡Paz! ¡Olvido! ¡No, Miguel, no lo olvide usted que fue su hermano de armas, y ayúdeme a que yo lo vea, como usted lo vio! ¿Usted recuerda bien esa mirada de Juan?
MIGUEL.	*(Con gran amargura y como atormentado por el recuerdo.)* Esa mirada, esa mirada, no era la de Juan…
GUADALUPE.	¿No? ¿De quién era, Miguel? ¿Y quién es usted?
MIGUEL.	No era la mirada de Juan de Zúñiga, era la del pobre soldado, la de un hombre que moría en la guerra, Guadalupe. ¿No me ha entendido usted?
GUADALUPE.	Acaso quiere usted decir que Juan había ya muerto como Juan de Zúñiga cuando moría como un simple soldado, como un hombre…
MIGUEL.	Eso, Guadalupe, eso es lo que yo quiero decir, porque en el hombre, es el hombre lo último que muere.

(Larga pausa. Guadalupe permanece |

	ensimismada; Juan la contempla en silencio.)
GUADALUPE.	*(Aparte.)* ¿Quién eres tú?
MIGUEL.	*(Aparte.)* ¿Qué piensa esta mujer? *(Guadalupe se levanta, coge el retrato de Miguel y lo mira atentamente.)* No, Guadalupe, en ese retrato no encontrará usted nada de lo que busca. No es ese el Juan de Zúñiga que usted ha soñado y le falta mucho todavía para ser el verdadero. Ahí está de soldado, ni siquiera viste un traje a su medida, lleva el uniforme de todos, el casco que todos usábamos, las mismas armas… Lo demás… ¡Si hubiese usted visto cuánto nos parecíamos todos en la guerra! Esa cara, que tantas veces sufrió la careta contra los gases asfixiantes, con esos ojos apagados y atónitos, solo revela la tristeza humilde del soldado, tristeza ómnibus[58], la misma para todos, la del pobre diablo cuya misión es matar, sin saber a quién, y esperar la muerte, sin saber de quién viene. Es la triste figura del hombre defraudado por el destino; sin el orgullo de un Zúñiga –superfluo, inútil en la trinchera– sin el orgullo de un hombre todavía…, un soldado, un pobre soldado.
GUADALUPE.	Miguel, Miguel, por lo que usted más quiera… ¿Por quién se lo pediría yo a usted, Miguel de la Cruz?
MIGUEL.	Por usted misma.
GUADALUPE.	Dígame la verdad.

---

[58] Puede referirse aquí a la tristeza común de los soldados que se desplazan en un vehículo militar en tiempos de guerra.

MIGUEL.	Pregúnteme, Guadalupe…
GUADALUPE.	Si usted hubiera aceptado lo que Juan le propuso… Pudo usted aceptarlo… ¡Cuántos en su caso lo aceptarían!...
MIGUEL.	Sin duda.
GUADALUPE.	Si realizado el cambio, Juan hubiera salvado la vida y muerto usted en su lugar…
MIGUEL.	La muerte le eligió a él. ¿A qué hablar de lo irremediable?
GUADALUPE.	Pudo elegirlo a usted…
MIGUEL.	¿Y bien?
GUADALUPE.	Entonces ¿qué hubiera hecho Juan?
MIGUEL.	Deshacer el engaño. Nada más fácil. El trueque proyectado por Juan era en beneficio mío. Muerto yo, ¿para qué mantenerlo?
GUADALUPE.	Sin embargo…
MIGUEL.	Sin embargo… tiene usted razón… Juan era orgulloso, no le gustaba arrepentirse de nada. Acaso hubiera continuado su camino en la vida como Miguel de la Cruz…
GUADALUPE.	¿Sí?
MIGUEL.	O, ¡quién sabe! Porque Juan murió en la guerra. Este es el hecho del pasado irremediable. Los mismos dioses no intentarían enmendarlo.
GUADALUPE.	Ni nosotros, Miguel; pero cabe pensar lo que hubiera sido…
MIGUEL.	¡Pensar! ¡Pensar! ¡Qué cosa tan bonita!... ¡Una mujer pensando!
GUADALUPE.	Sí, Juan, por orgullo de Zúñiga o, quién sabe si por algo mejor, movido acaso de piedad hacia el compañero, el hermano

	muerto… por lo que fuere, hubiera mantenido el engaño, entonces…
MIGUEL.	Entonces… ¿qué?
GUADALUPE.	¿Nunca lo hubiéramos visto en esta casa?
MIGUEL.	A Juan ¡nunca!
GUADALUPE.	No se hubiera atrevido a tanto, ¿verdad?
MIGUEL.	¡Quién sabe!... Me hace usted dudar, Guadalupe. Juan era curioso, ávido de aventuras extrañas. Además, él hubiera representado el papel de Miguel de la Cruz mucho mejor que yo el de Juan de Zúñiga… Y –si me apura usted– mucho mejor que yo represento mi propia realidad. Pero Juan murió, Guadalupe; no es piadoso siquiera imaginarlo bajo el humilde disfraz de un hospiciano…
GUADALUPE.	Pero aceptando el supuesto, Miguel…
MIGUEL.	Ya es mucho suponer, Guadalupe…
GUADALUPE.	Respóndame…
MIGUEL.	Aceptando el supuesto… ¡Bah! Tendría usted ahora en su presencia un Miguel de la Cruz apócrifo, en vez de un Miguel de la Cruz verdadero. Y habría usted perdido mucho en el cambio.
GUADALUPE.	¿Sí?
MIGUEL.	¡Claro!
GUADALUPE.	No tan claro, porque estaría enfrente de Juan de Zúñiga, disfrazado de Miguel de la Cruz.
MIGUEL.	Es decir, enfrente de dos máscaras, una sobre otra. No, eso que usted imagina, o que usted sospecha es el mayor absurdo de todos.
GUADALUPE.	¿Por qué?

MIGUEL.	Procuraré explicárselo a usted, Guadalupe. Imaginemos que se realizó el cambio entre Juan y yo. Es el primer supuesto ¿verdad? Imaginemos que el muerto fue Miguel y Juan el vivo. Es nuestra segunda hipótesis. Imaginemos la tercera: que Juan vino aquí, representando a Miguel. Todo esto hubiera sido posible, concedido. Pero el Juan de Zúñiga que usted ha soñado no ha existido nunca, y ese es el que usted imagina ahora bajo el disfraz de Miguel de la Cruz; es decir, un fantasma representando a un muerto. Absurdo y macabro, Guadalupe. No, no, créame usted, ¡Juan de Zúñiga, murió en la guerra! ¡Si lo sabré yo! *(Larga pausa. Guadalupe queda silenciosa, Juan la contempla.)*
GUADALUPE.	*(Aparte.)* Murió en la guerra, murió en la guerra… Y tú quieres matarlo en mí.
MIGUEL.	¿En quién piensa usted, Guadalupe?
GUADALUPE.	En que es usted, quien quiera que sea, mucho más cruel que la guerra.
MIGUEL.	Es posible; porque la guerra no es cruel, sino inhumana. Es decir, estúpida. La crueldad es todavía cosa de hombres, y la guerra se hace entre máquinas. Mató a Juan, como me pudo matar a mí, sin odio ni rencor.
GUADALUPE.	Usted, en cambio, quiere matar a Juan, y siempre a Juan.
MIGUEL.	¡Yo!
GUADALUPE.	Matarlo en mí. Usted lo odiaba, lo odia todavía.
MIGUEL.	Todavía… No. Es ahora cuando empiezo a

odiarlo. Sí, tiene usted razón, yo quisiera matarlo en usted.

GUADALUPE. ¿Por qué?

MIGUEL. Porque usted lo defiende…

GUADALUPE. Sí, contra usted, contra todos, contra él mismo lo hubiera defendido.

MIGUEL. Porque usted lo ama.

GUADALUPE. Sí.

MIGUEL. Y Juan era indigno de usted. Además, él no la hubiese querido a usted nunca. Juan no quiso nunca a nadie. No era bueno, Guadalupe. ¡Ah! Y él lo sabía. Se odiaba, se despreciaba a sí mismo; por eso quiso cambiarse por mí. ¡Claro! El que se estima, no se cambia por nadie. Era un suicidio, un suicidio mutuo lo que él me proponía. Yo, ¡claro! No lo acepté, porque yo…

GUADALUPE. Usted…, usted era mejor que Juan, ¿verdad?

MIGUEL. Sí.

GUADALUPE. No lo creo.

MIGUEL. Porque usted ama a su Juan de Zúñiga… ¡A ese fantasma! ¿Qué sabe usted del verdadero? Sin conocerlo le envió usted su retrato, quiso usted ser su madrina de guerra, la madrinita del señorito soldado, ¡qué monada! ¡Qué niñería! Sin conocerlo soñó usted un idilio con su Juan de Zúñiga, hecho de novelerías sentimentales y películas malas; lo lloró usted por muerto, sin saber a quién lloraba, ¡claro está!... Y, sin conocerlo, hubiera usted caído en sus brazos, y en los míos, en los míos también, si yo hubiera dicho: «Aquí me tiene,

Guadalupe, soy Juan de Zúñiga».

GUADALUPE.   Juan…

MIGUEL.   Pero yo no soy Juan de Zúñiga…

TELÓN

ACTO CUARTO

ESCENA PRIMERA

D. Andrés y Miguel de la Cruz

ANDRÉS.
Sí, lo reconozco, el trabajo tiene sus encantos. Usted debiera escribir un himno al trabajo. Ya buscaríamos quién le pusiera música. Y se lo haríamos cantar a los trabajadores.

MIGUEL.
¿Para darles ese trabajo más?... Los trabajadores tienen hoy el humor un poco avinagrado, don Andrés, y no están para himnos. De los parados no hay que hablar. Además, los himnos al trabajo suelen ser medianos. El mío no sería mejor, porque no me entusiasma el tema.

ANDRÉS.
¿En qué quedamos, Miguel? En el mundo nuevo que Juan y usted veían en la trinchera, el trabajo debe serlo todo.

MIGUEL.
Acaso. Pero no es cosa de ponerlo en solfa[59] antes de tiempo. En ese mundo nuevo, lo más importante es la verdad, la verdad humana por cruda que sea, lo que suele llamarse sinceridad. En toda gran catástrofe moral, solo quedan en pie las virtudes cínicas. ¿Qué le parece a usted?

ANDRÉS.
Bien. Bonita frase, que no alcanzo a comprender del todo. Creo que sería usted un buen orador, Miguelito. Juan, también

---

[59] *ponerlo en solfa*: locución verbal coloquial con el significado de ridiculizar o criticar.

	hablaría…
MIGUEL.	¡Oh, ya lo creo! Juan hablaba casi tan bien como yo. Pero ni a Juan ni a mí nos tiraba la tribuna. Y a lo que iba, don Andrés; el amor al trabajo, el placer de trabajar… sí, todo eso está muy bien, cuando lo canta el trabajador, que no suele cantarlo. En otros labios, suena un poco a hueco. Al trabajador, no le gusta oírlo; piensa que es una invención de los ociosos que viven del trabajo ajeno, en un modo de excitar, animar, jalear al esclavo para que trabaje más de la cuenta. Todo eso es muy siglo XIX; se quedó también en la trinchera. Hoy se vuelve a la concepción bíblica del trabajo; dura ley a que Dios somete a los hombres, a todos los hombres, claro está, después de todo gran pecado[60]. El que no trabaje que no coma, dice el trabajador. Y tiene razón. Pero sería ingrato con los holgazanes que le proporcionan más trabajo del que le corresponde, si el trabajo fuera una bendición… esto no tiene vuelta de hoja, don Andrés.
ANDRÉS.	No tiene vuelta de hoja, Miguelito. Discurres bien. Perdona que te tutee. Eres un muchacho, yo un viejo. Mis años me autorizan, ¿verdad?
MIGUEL.	Sin duda, don Andrés.
ANDRÉS.	Pudieras ser mi hijo.
MIGUEL.	Y quién sabe… Recuerde usted lo que decía

---

[60] En el *Génesis* (3:17), tras el pecado de Adán y Eva, Dios condena a Abraham a vivir del sudor de su frente. Al libro del Antiguo Testamento recurren los Machado bien para personajes (Nemrod en *Juan de Mañara* y *La duquesa de Benamejí*), como en narraciones: el pecado original (*La duquesa de Benamejí*).

Juan…

ANDRÉS.   ¡Ah, pícaro! No, y en el fondo tenía razón. ¡Pobre hijo! ¿Y sabes, Miguelito, que algunas de sus frases, las que tú dices que él decía, me han hecho meditar? Juan tenía talento.

MIGUEL.   ¡Claro! ¡Un Zúñiga!...

ANDRÉS.   No precisamente porque fuera un Zúñiga. En mi familia ha habido de todo. Yo mismo no me creo un Séneca. Tenía talento porque lo tenía… No creas que soy yo un fanático de la aristocracia. Claro, que, en general, los valores estimables suelen darse en la clase superior. Es más frecuente que sea elegante una duquesa, que la hija de un vinatero[61], de un procurador[62], de un fonetista[63], de un ventrílocuo[64]. Esto es lo corriente dentro de lo mediano. Pero una mujer de elegancia suprema que llame la atención en el mundo, esa ya puede ser la hija de un choricero. Como también hay una ordinariez suprema que se encuentra a veces en personas reales. Lo excepcional es de elección divina, cae donde Dios quiere. ¿Qué te parece?

MIGUEL.   Que tampoco usted se chupa el dedo, don Andrés.

ANDRÉS.   Gracias, Miguelín. Y a lo que iba. Una frase de Juan me está dando vueltas en la cabeza hace varios días: «Una vaga paternidad, sentir, una vaga paternidad, sentirse

---

[61] *vinatero*: persona que produce o comercializa vino.

[62] *procurador*: profesional del derecho que, en virtud de apoderamiento, ejerce ante juzgados y tribunales la representación procesal de cada parte.

[63] *fonetista*: especialista en fonética.

[64] *ventrílocuo*: persona con la habilidad de imitar la voz de otras personas o diversos sonidos.

vagamente padre». Tiene mucha miga esta frase de Juan. ¿Qué te parece?

MIGUEL.
Lo va usted a comprender en seguida. Óigame una breve historia. Un general famoso –de esto hace ya muchos años–, había notado que las maniobras militares de su país, un viejo imperio ya desaparecido, no se hacían muy a lo vivo; los soldados tomaban un poco a broma estos ejercicios marciales que no ofrecían riesgo para nadie. Y entonces ideó lo que más tarde llevaron a la práctica otras naciones; cargar con bala un tanto por ciento insignificante, el uno por mil, de las armas de fuego. De esta manera, pensaba él, los soldados mirarán con respeto, con un vago respeto estos simulacros de guerra, y hasta se irían habituando un poco al peligro. La idea fue aceptada por el Estado Mayor. Pero alguien se opuso terminantemente. Fue el emperador mismo. Su majestad Augusta sabía que alguno de los hijos de sus queridas, que también podían ser suyos, tenían la edad reglamentaria para ingresar en filas. Y se sintió vagamente padre de todo su ejército.

ANDRÉS.
Bonita anécdota. No la conocía. ¡Claro que cuando llegó la guerra!...

MIGUEL.
Fueron todos a ella; el príncipe heredero a la cabeza.

ANDRES.
Pues bien, yo, como ese emperador de tu cuento, y por motivos semejantes, me siento vagamente padre. Y si me apuras, te diré que es eso, una vaga paternidad lo que yo

he sentido toda mi vida. Cierto que no me daba muy clara cuenta de ello; me lo enturbiaba el culto a los antepasados, propio de mi clase. ¿Te interesa el tema?

MIGUEL. Sin duda, don Andrés. Pero perdone usted un momento. El culto a los antepasados me parece un poco supersticioso.

ANDRES. No, eso no; de eso no me convencerás nunca.

MIGUEL. Pues oiga usted lo que me decía Juan, para consolarme de la humildad de mi origen. Ve contando ascendientes. Tienes como todos un padre y una madre, aunque no los conozcas, son dos; los abuelos son cuatro; los bisabuelos, ocho; los tatarabuelos dieciséis. Ve duplicando cifras, hasta contar una treintena de generaciones, y te encontrarás en la trigésima con más de quinientos millones de antepasados auténticos. Ergo[65] tan pariente eres tú de Chindasvinto[66], como yo.

ANDRES. Gracioso, pero disparatado. En nuestra clase, las generaciones se cuentan en línea recta. No hay que olvidar la varonía, las primogenituras, el nombre…

MIGUEL. Juan hablaba de la sangre.

ANDRES. No, no me convences.

MIGUEL. Pues siga usted con su tema, don Andrés.

ANDRES. Mi tema…, sí, en efecto… Una vaga paternidad… Pues bien, yo no he conocido a mi hijo. Sabía, claro, cuándo nació y la

---

[65] *ergo*: conjunción consecutiva con el significado de por tanto, luego, pues.
[66] Chindasvinto (564-653) fue un rey visigodo.

edad que hoy tendría. Antes que mi hijo muriera, lo iba yo imaginando, y aún creía verlo, en los jóvenes que podían tener sus años. Vagamente padre me sentía yo de todos ellos. Después que supe la muerte de Juan, perdida toda esperanza de encontrarle, durante unos meses, los más amargos de mi vida, la juventud no hablaba a mi corazón de padre. Mi hijo era el muerto, no podía estar ya sobre la tierra. ¿Me oyes? *(A Miguel que parece ensimismado.)*

MIGUEL.   Sí, don Andrés.

ANDRÉS.   Pero después... ¡Cuántos diablos tenemos en el alma, Miguelito! Lo que voy a decirte, solo y a medias, se lo he dicho a mi confesor. Comencé a calibrar, escudriñando mi conciencia, para encontrar en ella mis pecados... todos mis pecados contra el sexto mandamiento. Y siempre que recordaba alguno, ¡Dios me perdone!, me regocijaba.

MIGUEL.   Porque pensaba usted que Juan pudiera no ser su único hijo.

ANDRÉS.   Eso precisamente. Y como yo no he sido ningún santo...

MIGUEL.   Comprendido. Imaginó usted una vaga prole que le devolviese aumentada, su vaga paternidad. Pues ahora sí que podemos entendernos, don Andrés.

ANDRÉS.   ¿Sí?

MIGUEL.   Y ser los mejores amigos del mundo; como hechos el uno para el otro; yo, hijo de... «quién sabe». Usted, padre de «vaya usted a saber...».

ANDRÉS.	*(Después de reír la ocurrencia de Miguel.)* Yo hablaba en serio, Miguelito.
MIGUEL.	Y yo también, don Andrés. Los hombres de mi quinta somos más serios de lo que aparentamos. No se fíe de nosotros. Nos gusta punzar los tópicos sentimentales para ver si tienen algo dentro. Por eso muchas veces reímos cuando otros lloran; pero también lloramos alguna vez, cuando otros ríen. Y en el fondo, somos nosotros los más serios y los más tristes, don Andrés. Mientras nosotros los veteranos de la guerra no hayamos desaparecido, el mundo no recobrará su alegría.
ANDRÉS.	¿Crees tú, Miguel?
MIGUEL.	Sí. El mundo padece una terrible neurosis de guerra, la nuestra, que, por contagio, alcanza a muchos. Esto dicen los médicos.
ANDRÉS.	¡Los médicos! No hay como los médicos para decir cosas de mal gusto.
MIGUEL.	Pues, en lenguaje calderoniano, somos ya muchos los reos por duplicado del gran delito del hombre[67]. Los que hemos nacido dos veces, y la segunda en condiciones totalmente abominables. Y basta de eutrapelia[68], don Andrés. Yo me voy.
ANDRÉS.	¿Qué prisa tienes?
MIGUEL.	Me marcho porque estoy perdiendo mucho tiempo en esta casa. Perdón... porque me estoy encariñando con ella. Que todo hay que decirlo, don Andrés. Sí, esto tiene su

---

[67] Alusión al famoso soliloquio de Segismundo en *La vida es sueño*, de Pedro Calderón de la Barca: «pues el delito mayor / del hombre es haber nacido».

[68] *eutrapelia*: virtud que modera el exceso de las diversiones o entretenimientos.

	encanto… ¡Oh, muchos!... Todo aquí es encantador. Usted mismo es encantador, y perdone este elogio a boca de jarro. Pero mi vida es otra, mi mundo es otro.
ANDRÉS.	Tu mundo, hijo… ¿quieres tener un mundo para ti solo? ¡Juventud, juventud!... ¡Qué cosa tan bonita y tan hueca!
MIGUEL.	Debo irme, debo irme. *(Conmovido y pretendiendo disimular.)*
ANDRÉS.	Pero, ¿por qué?
MIGUEL.	Porque si continúo en esta casa, voy a sentirme vagamente hijo de… todo esto, de usted mismo, don Andrés, y hasta del propio don Guillén de Quijares. Y eso… francamente… En serio; quince días llevo en Madrid, sin hacer cosa mejor que charlar con usted… esto no puede ser… ¡Oh, no! Yo debiera estar muy lejos.
ANDRÉS.	¡Muy lejos! Pero… ¿para volver?
MIGUEL.	Como el judío errante llevo un billete circular para andar por todo el mundo, que no me permite detenerme dos veces en la misma estación. Conque, ¿quiere usted algo para Rusia?
ANDRES.	¿Para Rusia? ¿Y qué tienes tú que hacer en Rusia, Miguelín?
MIGUEL.	Me interesa aquello. Dicen que ha nacido allí, y por cierto con toda la barba, el apocalíptico anticristo.
ANDRES.	Bueno ¿y qué?
MIGUEL.	Que me gustaría conocerlo.
ANDRES.	¡Bah! Si es cierto lo que dicen, él vendrá por aquí, y lo conoceremos todos. ¡Bueno! Tú te vas… pero no te vas. Quiero decir,

que no te vas así como tú quieres. No hay que ser ingrato. Aquí todos te estiman; cada cual a su modo. Has caído bien en esta casa. Hasta el ama Juliana... Por cierto que ¡es gracioso! ¿Sabes lo que me dijo ayer? ¿Por qué no habrá aceptado el señorito Miguel lo que le propuso el señorito Juan? ¡Claro, estas pobres mujeres del pueblo!...

MIGUEL.   Saben más de pañales que de pergaminos.

ANDRÉS.   Y Guadalupe, la misma Guadalupe... Además, me debes una cabalgada por la Florida. ¡Si vieras cómo están ya los almendros! Espera a que me vista y saldremos juntos.

MIGUEL.   ¡Don Andrés!

ANDRÉS.   Niño, a obedecer... ¿No quedamos en que pudiera ser tu padre? Pues imagínate que lo soy. Hasta pronto.

ESCENA II

Miguel solo

(Juan se aproxima a la puerta por donde ha salido don Andrés como movido de una cierta simpatía hacia su padre)

MIGUEL.   ¡No hay que ser ingrato! ¡No hay que ser ingrato! *(Estas palabras deben repetirse mecánicamente, como un eco de la conversación anterior.)* ¿No hay que ser ingrato? *(En el tono del pensamiento reflexivo.)* ¡Claro que no!... Pero quedarse... tampoco. *(Nuevamente en el tono de la inconsciencia.)* Marcharse…, marcharse. *(Yendo hacia donde está el retrato de Miguel.)* ¿Qué te parece a ti? ¿Qué me aconsejas tú? Que me vaya, sin duda: el trato es el trato ¿verdad? Tú hubieras sido aquí Juan de Zúñiga. ¿Y en mi caso? Juan de Zúñiga también, siempre Juan de Zúñiga. *(Coge el retrato y se pasea inquieto.)* ¿Y Guadalupe? ¿Por qué le llamaba yo Penélope? Sí. ¡Claro!; la imaginaba yo esperando, una mujer que espera… ¡Linda Penélope, sin tela que tejer, ni esposo, ni pretendientes![69], esperando a su Juan de Zúñiga, al que murió en la guerra. Y del vivo, del que nació en la guerra, pensará ella lo del dicho popular… Y tanto como te lo han cambiado, niña… No lo sabes tú bien… Irse… irse…, todavía es tiempo… ¡Sí, don Guillén, don Froilán! Ahí queda ese… ¡Tan bueno como vosotros! *(Mirando hacia la puerta.)* Oh, quién viene aquí, ¡Dios mío!

---

[69] Recuerdo a la historia de Ulises quien, después de una década de exilio vuelve a Ítaca donde su esposa Penélope, con la esperanza de que algún día su esposo vuelva, va destejiendo por la noche el telar que teje de día. En boca de Fernanda, en la comedia de figurón *La prima Fernanda* (Acto III, Escena XI) se alude igualmente al destierro de Ulises por parte de Poseidón al cegar a su hijo, el cíclope Polifemo.

ESCENA III

Miguel y Juliana

JULIANA. Señorito Miguel… Señorito Miguel…

MIGUEL. ¿Qué, ama?

JULIANA. Dígame usted Juliana. Él me llamaba siempre así.

MIGUEL. ¿Él?

JULIANA. Mi Juanito, perdón, el señorito Juan. Y déjeme usted que lo mire. He venido para eso. Y me voy corriendo. Van a llegar. Este no es mi sitio. Que lo mire un momento de cerca.

MIGUEL. Ahí lo tiene usted. *(Señalando el retrato.)*

JULIANA. No. A ese, no… Ahí no está propio. A usted…

MIGUEL. ¡A mí!... *(Atención, zona peligrosa.)*

JULIANA. Sí, porque usted lo vio con esos ojos, usted le habló con esa boca. Usted estrechó su mano con esa mano. *(Se la besa.)*

MIGUEL. ¡Juliana!

JULIANA. Eso, Juliana… Dios mío. Si es lo mismo, si yo…

MIGUEL. Si usted…

JULIANA. Señorito… Soy una pobre vieja medio ciega. No volveré quizá nunca por aquí… Si usted me dejara… un instantito… no más… Déjeme usted, un abrazo…

MIGUEL. Vaya, mujer.

JULIANA. Un abrazo y un beso. ¡Juanito de mi alma!

MIGUEL. ¡Madre!

JULIANA. ¡Hijo mío, hijo mío!

MIGUEL. Sí, Juliana… pero basta.

JULIANA.	Eso es…, sí…, basta, como tú quieras, como entonces. Un hombrecito muy hombre. Nada de besuqueos ni de… ¿Eh? Pues no basta. ¡Mi sol, mi gloria, mi niño de mi vida! *(Vuelve a besarlo y a abrazarlo con toda su alma.)*
MIGUEL.	¡Juliana!
JULIANA.	Y querías engañarme…
MIGUEL.	No, a ti no quería engañarte… ni podía...
JULIANA.	No podías. Desde que entraste en esta casa, yo te sentí como las plantas sienten el sol y la tierra el agua. Yo no sabía lo que era. Algo que me quitaba los años y me alegraba sin poderlo remediar. Bueno…, pero entonces…, señorito Juan…
MIGUEL.	Silencio. Miguel de la Cruz; ¡aquí soy Miguel de la Cruz! Y tú tienes que guardarme el secreto. ¿Lo oyes? ¿O serías capaz de traicionarme tú, Juliana?...
JULIANA.	¿Yo a ti, mi alma?... Yo haré lo que tú quieras. Como siempre fue, sí, todavía no hablabas y ya te obedecía, ¡mi niño, mi rey, mi vida! ¡Figúrate tú ahora!...
MIGUEL.	Dime, Juliana. ¿Qué era yo entonces para tus hijos?
JULIANA.	Como un hermano…, que los llevaba por donde quería…
MIGUEL.	¿Y para ti?
JULIANA.	Un hijo más.
MIGUEL.	¿Y necesitaba yo para eso ser el señorito Juan?
JULIANA.	No.
MIGUEL.	¿Lo necesitabas tú, lo necesitaban ellos para quererme?

JULIANA.	No.
MIGUEL.	Pues ahora tampoco.
JULIANA.	Pero, ¿por qué no has de ser quien eres? El sol, la gloria, el amo de todos, el señor, el señorito Juan…
MIGUEL.	Porque entonces volvería la guerra…
JULIANA.	¿Qué tiene que ver?...
MIGUEL.	Más de lo que te imaginas.
JULIANA.	Bah, mientras haya hombres, habrá guerra.
MIGUEL.	Acaso, Juliana. Pero tal vez cuando no haya más que hombres, no habrá guerra. Vamos a probar.
JULIANA.	Eso es. Tú dime lo que quieras, pero que yo te oiga hablar.
MIGUEL.	¿Comprendes ahora por qué no quiero ser el señorito Juan?
JULIANA.	Pero… mi Juanito…
MIGUEL.	Eso siempre.
JULIANA.	¡Siempre, siempre, hijo mío! Y qué guapísimo estás. Pero… Eres el mismo, sí, eres el mismo. Yo no sé cómo he podido dudarlo un minuto. ¡Ah, estos ojos!..., que si no… ¡Mi Juanito de mi alma!...
MIGUEL.	Miguel, Miguel.
JULIANA.	¡Bah! ¿Y cómo te las compusiste para hacer el cambio?
MIGUEL.	Muy sencillo. El día que yo recibí la última carta de mi padre, íbamos a asaltar la próxima trinchera alemana. Entonces fue cuando llamé a Miguel de la Cruz, mi hermano de guerra, y le propuse que cambiáramos nuestros papeles y las medallas de soldado, le di además las cartas de mi padre, para que en adelante él fuera

siempre Juan de Zúñiga y yo Miguel de la Cruz.

JULIANA. Un pobre hospiciano…

MIGUEL. ¡Un hombre, Juliana! ¿Te parece poco? El pobre muchacho no quería creerme. Cuando se convenció de que hablaba en serio, aceptó encantado.

JULIANA. ¡Claro!

MIGUEL. Claro…, pero mi regalo no debía tener muy buena sombra, porque al pobre Miguel le costó la vida.

JULIANA. ¡Pobre!

MIGUEL. Quiso sin duda honrar su flamante apellido –y él, tan cuidadoso hasta entonces de su pellejo, cuando era lo único que podía perder–, se arrojó a pecho descubierto sobre las ametralladoras alemanas y cayó materialmente acribillado a bayonetazos en el fondo de la trinchera, sobre un montón de latas de conservas vacías que la llenaban.

JULIANA. ¿Murió?...

MIGUEL. Como un verdadero Zúñiga que acababa de ser.

JULIANA. ¿Y por qué entonces no deshiciste el cambio… si todo fue inútil…?

MIGUEL. Para él, sí. Eso me decían los compañeros. Pero yo respondí: ¿Quién de vosotros sería capaz de quitar a ese chico el nombre con que acaba de entrar en la eternidad? Y se callaron. Una tontería solemne no tiene respuesta.

JULIANA. ¿Pero los jefes?

MIGUEL. Cuando el sargento del pelotón que venía de relevo –el del nuestro cayó también malherido en el asalto– nos formó para recontarnos, al llegar el nombre de Juan de Zúñiga, yo señalé el cadáver del pobre Miguel. Y cuando dijeron Miguel de la Cruz, yo respondí ¡presente!... Ya ves qué sencillo.

JULIANA. ¡Y nosotros diez años llorándote por muerto! Tu pobre padre…

MIGUEL. Mi buen padre –dices tú–, mi padre está ya algo, bastante consolado de la pérdida de su Juan con la visita de este Miguel que le ha llovido del cielo. Ya ves, ahora no quiere que me vaya.

JULIANA. ¿Pero es que vas a irte? ¿Y Guadalupe? Ah, tú no sabes cómo te quiere, cómo te ha querido siempre. La vida entera para tu recuerdo, ni una sonrisa, ni una palabra con nadie. Bonita como un sol, buena como una santa. No, a esa no la dejas tú aquí plantada a seguir llorando.

MIGUEL. Yo…

JULIANA. Sí, tú has venido aquí por ella, también. Porque en el fondo, acaso sin saberlo tú, sabías que ella te esperaba y yo… si lo dije siempre. Dios os había hecho el uno para el otro…

MIGUEL. No, Juliana. Ella esperaba a su Juan de Zúñiga, tal como lo había imaginado y sigue esperándolo…

JULIANA. Mírala allí en el jardín, blanca como una azucena, ensimismada, pensativa. ¿Sabes en lo que piensa? Dios me perdone. Pero a veces yo creo, y ahora más que ella también…

MIGUEL.	Que ella también sospecha quién soy… Acaso…, acaso… Pero tú callarás.
JULIANA.	¡Yo! Callaré. ¡Pero, Dios mío! ¿Cómo voy a callarme toda? ¡Si se me sale por los ojos esta alegría!... *(Le da un beso y se va.)*

ESCENA IV

Miguel solo

MIGUEL.	¡Juliana, Juliana! Tú no me habías olvidado. Yo…, ¿por qué es tan duro el corazón del hombre? ¡Cuántos días de mi vida he pasado sin acordarme de ti, pobre y santa vieja! Ni siquiera pensé que pudiera encontrarte en esta casa. Siempre se olvida a los humildes, aunque sean los mejores. Sí, tú me querías como una madre. Y yo también te quería, Juliana, como si lo fueras… Y en este amor de niño, ¿había algo más que egoísmo? Sí, algo más, algo más había. Por eso ahora me duele el corazón. *(Queda ensimismado y pensando.)*

ESCENA V

Miguel y Guadalupe

MIGUEL.	¡Guadalupe!...
GUADALUPE.	Perdone usted, Miguel, que sea yo ahora quien viene a interrumpirle su… monólogo.

	¿No hablaba usted consigo mismo?
MIGUEL.	Por no perder la costumbre. Pero el diálogo con usted me agrada mucho más que el monólogo.
GUADALUPE.	Gracias… Miguel. ¿Quiere usted que siga llamándole Miguel?
MIGUEL.	¿Por qué no?
GUADALUPE.	¿Aun sabiendo que no es usted Miguel? *(Después de una pausa que expresa cierta contrariedad.)*
MIGUEL.	¿Desde cuándo lo sabe usted, Guadalupe?
GUADALUPE.	Lo sospechaba desde el primer día en que lo vi. Saberlo, lo he sabido ahora mismo…
MIGUEL.	¿Sí?
GUADALUPE.	Por el ama Juliana… No, ella nada me ha dicho, pero no todos son tan expertos para fingir como…
MIGUEL.	Dilo, Guadalupe…
GUADALUPE.	Como tú.
MIGUEL.	Pues ahora, ¡cuánto te agradecería que siguieras llamándome Miguel!
GUADALUPE.	¿Todavía Miguel?...
MIGUEL.	Sí, por respeto. *(Señalando el retrato.)*
GUADALUPE.	¿Por respeto al muerto, a tu hermano de armas?... Te confieso que no entiendo bien por qué le usurpas[70] el nombre.
MIGUEL.	No, no hay usurpación alguna. Fue un convenio libremente realizado entre ambos. Yo le di mi nombre a cambio del suyo. Eso fue todo. Sí, debo llevar su nombre: Miguel de la Cruz, como él hubiera llevado el mío: Juan de Zúñiga. ¿Y quién sabe si lo lleva todavía?

---

[70] *usurpar*: robar.

104

GUADALUPE.	¡Todavía!
MIGUEL.	¿No crees tú en otro mundo?
GUADALUPE.	Yo, sí, pero en ese otro mundo...
MIGUEL.	Piensas tú que allí no importa el nombre, sino el hombre, como decían en Castilla... ¡Quién sabe, Guadalupe!...
GUADALUPE.	¡Quién sabe!
MIGUEL.	Porque de ese otro mundo sabemos muy poco. Pero sin duda que al cielo se fue Miguelito, que era un pobre de espíritu, un Bienaventurado. Y allá bien pudo entrar como Juan de Zúñiga. San Pedro, el portero celestial, le puso tal vez algún inconveniente, al reparar en lo humilde de su pelaje. Pero él sacaría del pecho sus papeles de soldado, manchados de tierra y de sangre... ¡Soy Juan de Zúñiga, aquí lo pone! Y pasó, no lo dudes. ¿Qué piensas tú? *(Señalando el retrato.)* Ahí lo tienes, presidiendo esta galería de retratos, con don Rodrigo y don Froilán y don Guillén... ¿Por qué no? ¿Hizo él menos que esos caballeros para ganar un nombre? La nobleza, dirás tú, se hereda; pero, la mejor se gana. Y cuando por ella se pierde la vida... Tú lo comprendes, Guadalupe –en justicia aquí no puede haber más Juan de Zúñiga que ese–. Dejémosle ahí; guardémosle el secreto. Después de la verdad, la verdad humana, desnuda, nada hay tan bello, como la mentira. La mentira piadosa, que también es cosa de hombres. Que sea eso para todos; el más heroico y el más inofensivo, y el último de los Zúñigas, el que murió en la guerra.

GUADALUPE. Y tú…, tú…

MIGUEL.   Yo… ¿No has oído decir, de quien escapa de un peligro de muerte, que ha nacido otra vez? Pues ese soy yo, uno de esos que han nacido en la guerra.

GUADALUPE. Uno de esos…, uno cualquiera…, ¡no!

MIGUEL.   Te parece poco ¿verdad? Pues a mí me parecía mucho, demasiado. ¡Si tú hubieras visto cuál fue mi asombro al respirar el aire y al beber el agua sin miedo a envenenarme, al contemplar la primavera otra vez en el campo, y al reparar en que la tierra podía servir también para andar por ella, y al sentirme nacer en plena juventud, donde tantos hombres habían muerto!... No, no es poco eso, Guadalupe…

GUADALUPE. Sí, tienes razón; pero todavía no has respondido a mi pregunta. ¿Por qué quieres seguir llamándote Miguel de la Cruz, si, como tú dices, no importa el nombre, sino el hombre?

MIGUEL.   Porque eso será, allá, en todo caso; aquí hay que llamarse de algún modo.

GUADALUPE. Pero ¿por qué, Miguel de la Cruz?

MIGUEL.   *(Sacando sus papeles.)* Aquí lo dice. Esto es muy serio. Mira: «Miguel de la Cruz, soldat, legion etrangère, Espagne». Con estos papeles ando yo por el mundo. Ya no sería fácil probar que soy Juan de Zúñiga. Si lo intentara, tú misma dudarías. Además, aquí consta mis servicios militares.

GUADALUPE. Los suyos…

MIGUEL.   Y los míos, o, si quieres, los póstumos de Miguel de la Cruz. Porque la guerra siguió algunos meses todavía. Como Miguel de la Cruz fui herido, hospitalizado. Como Miguel de la Cruz volví a la trinchera, como Miguel de la Cruz me licenciaron al fin, como Miguel de la Cruz he recorrido medio planeta… Y ahora, la razón suprema: Yo quise ser Miguel de la Cruz y no me arrepiento, Guadalupe.

GUADALUPE. ¡Quisiste ser el pobre, el desvalido Miguel de la Cruz!

MIGUEL. ¡El pobre, el desvalido! No. Esas palabras no podían definir a Miguel de la Cruz… ¿Pobre? Como todos o casi todos. ¿Desvalido? ¿Quién no lo era ante los obuses y las ametralladoras de enfrente? Los parapetos, las alambradas, las caretas contra los gases venenosos, eran las mismas para Miguel y para Juan. Esas palabras de melodrama son también un lujo de la paz; en la guerra, en una guerra como aquella no tienen sentido.

GUADALUPE. Quisiste ser el hijo de Nadie…

MIGUEL. Eso me suena mejor, Guadalupe… ¡El hijo de Nadie! Sí, era eso lo que yo quería ser.

GUADALUPE. Aspiración absurda porque no se elige nacimiento, ni aun ese siquiera.

MIGUEL. El hombre es un animal un poco absurdo; ha inventado la lógica, pero ha vivido siempre de ilusiones. Cada tiempo tiene las suyas. Y esa es la nuestra, Guadalupe, el grito más hondo de esta gran rebelión de menores que agita hoy al mundo entero. ¡Los hijos de Nadie! Sí, hay algo loco y terrible en todo esto, pero fatal.

GUADALUPE.	Abominable.
MIGUEL.	Y fatal, Guadalupe. Tú no puedes saber cómo arguye[71] la guerra en la conciencia de los hombres. Los que nacieron en ella, odiaban a sus padres, sin quererlo, sin saberlo tal vez, sin confesárselo a sí mismos, pero los odiaban, los odian todavía porque piensan que fueron engendrados para un sacrificio estéril, estúpido. Dos alemanes por cada francés, se decía en Berlín, y, en Viena, imperial y medio. En París se había gritado a las madres: fecundidad, señoras, que no falten soldados. ¡Oh, solo Miguel, el hijo de Nadie, un precursor, podía tener limpio de odio el corazón! Locura, dices tú, pero hay locuras divinas. A la luz de nuestra pobre razón, la locura es, a veces, el signo de la divinidad misma.
GUADALUPE.	Así pensáis los impíos.
MIGUEL.	No; así pensamos los creyentes; que la locura puede ser divina, que hay locuras sagradas. Los impíos[72] piensan que Dios se ha vuelto loco cuando no entienden lo que les habla. Has de ser más piadosa con los hijos de nadie.
GUADALUPE.	¿También con los que quieren serlo?
MIGUEL.	Con esos sobre todo; porque serán mañana los hermanos del hombre. Piadosa con su locura, que no es la primera vez que aparece en el mundo. Fueron también los hijos de

[71] *argüir*: alegar una razón o un argumento a favor o en contra de alguien o algo. También, dejar una cosa ver con claridad otra.
[72] *impío*: falto de piedad o de religión.

	Nadie, los que siguieron al Cristo, los que entendieron sus palabras fraternas, los que supieron del Padre que no era ya el bíblico semental humano, sino el padre de todos. Piensa, Guadalupe, en lo que puede ser mañana esta locura de hoy.
GUADALUPE.	Mañana…, mañana… Sé tú piadoso también con nosotras, las pobres mujeres, que entendemos muy poco de ese mañana vuestro… ¡En nuestros labios esa palabra tiene un sentido distinto al que vosotros le dais! Cuando nosotras decimos mañana, vemos un niño en su cuna, y pensamos en el sol que lo va a despertar cuando amanezca. Ese era el mañana que oía yo en boca de mi madre, y el de tu ama Juliana, cuando, después de darte el pecho, te decía: «ahora, niño, a dormir, hasta mañana». El vuestro…
MIGUEL.	Sí, el nuestro es el que nunca llega, dejaría de ser mañana, si llegase, pero es el verdadero.
GUADALUPE.	Es posible, sí. ¿Pero qué sería de vuestro mañana sin el nuestro? Sí, Miguel de la Cruz o como quieras llamarte, hombre puro, sin más orgullo que el de ser hombre, piensa que yo también tengo el orgullo de ser mujer y nada más.
MIGUEL.	¿Nada más?
GUADALUPE.	Nada más. Y adiós. Sigue tu camino como Miguel de la Cruz, con la cruz de Miguel ¿no es eso? El ama Juliana y yo te guardaremos el secreto.
MIGUEL.	¡Guadalupe!
GUADALUPE.	Corre a tu mundo nuevo; a renovar el

mundo. Sí; yo te comprendo, tanto que ni siquiera te pregunto por qué has venido a esta casa. Es posible que tú mismo no lo sepas tan bien como yo. Viniste a matar a Juan de Zúñiga.

MIGUEL.   A matarlo en tu alma, Guadalupe.

GUADALUPE.   Y a matarlo en ti, o mejor, a averiguar si estaba bien muerto ese hombre tuyo «que murió en la guerra», para seguir tu camino sin miedo a que resucitase. Pero no cantes victoria: en mí no lo has matado, y en ti, por fortuna, ¡tampoco!

MIGUEL.   ¡Tampoco!

GUADALUPE.   Tampoco. Porque nunca has sido más Juan de Zúñiga que ahora. Sí, tú dices bien: Miguel murió gloriosamente, como un Zúñiga; el que quiso ser; pero la verdadera hazaña del Zúñiga verdadero, fue la tuya. Sigue tu camino…

MIGUEL.   ¿Solo?

GUADALUPE.   Si necesitas mujer que te acompañe, mejor que yo la encontrarás.

MIGUEL.   ¿Mejor que tú, Guadalupe?

GUADALUPE.   ¿Por qué no? Yo también tengo el orgullo modesto: soy una mujer; hay otras muchas. Búscala en ese mundo nuevo; acaso ella te salga al camino… Mi papel es aguardarte en el mío. Muchos años te he esperado, sin esperanza; los mejores de mi vida. Ahora, ¿por qué no he de seguir esperándote?

MIGUEL.   ¿Y si no vuelvo, Guadalupe?

GUADALUPE.   Será que habrás encontrado otra que también te esperaba, no lo dudes.

MIGUEL.   ¿Y si no la encuentro?

GUADALUPE.	Entonces, vienes tú aquí.
MIGUEL.	¿Como Juan o como Miguel?
GUADALUPE.	Como tú quieras. Ya hemos quedado en que no importa el nombre sino el hombre. Eso lo comprendemos las mujeres mucho mejor que vosotros. Además, nuestra comedia toca a su fin y es ya la hora de comprenderlo todo. Pero como no estamos en el teatro, no urge la boda[73].
MIGUEL.	¡Guadalupe! *(Con ansia de besarla.)*
GUADALUPE.	Ni en el cine tampoco. El beso final no es obligatorio.
MIGUEL.	La mano…
GUADALUPE.	Sí.
MIGUEL.	Guarda ese anillo, Guadalupe. *(Le da un anillo.)* No es promesa de nada; porque yo he de seguir mi camino en un mundo muy grande donde no siempre es fácil encontrarse dos veces. Acaso no vuelva a verte más…, acaso… Guarda ese anillo como recuerdo mío. También yo alguna vez he soñado contigo antes de conocerte. Pero a mí no me bastaba soñar y quise verte, porque sospechaba, lo que hoy he sabido: que una mujer verdadera vale mucho más que una mujer soñada. Y ahora… ¿seremos capaces de despedirnos sin lágrimas?
GUADALUPE.	Probemos…

---

[73] Las referencias metateatrales son frecuentes en la dramaturgia de Manuel y Antonio Machado. Uno de los aspectos, la alusión a los subgéneros teatrales o al propio de la obra en cuestión se da, por ejemplo, en boca de Esteban (Acto II, Escena III) y de don Gonzalo (Acto III, Escena II) en *Juan de Mañara*; de Salvador en *Las adelfas* (Acto I, Escena XIII) y, sobre todo, de Araceli (Acto II, II); también en Lola (Acto III, Escena VI) en *La Lola se va a los puertos*; y en Fernanda (Acto III, Escena XII) en *La prima Fernanda*.

MIGUEL.   *(Estrechándole la mano con profunda y contenida emoción.)* Adiós.

GUADALUPE.   Adiós. *(Idem, idem.)*

TELÓN

GUÍA DIDÁCTICA

① Escribe un resumen de la obra, dando respuesta a los siguientes interrogantes:

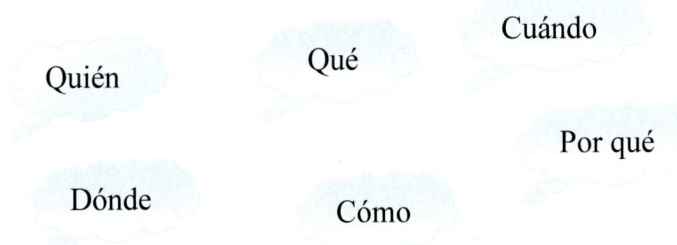

Cuándo

Qué

Quién

Por qué

Dónde

Cómo

② Juan de Zúñiga es fruto de la infidelidad de don Andrés con Isabel. ¿Por qué don Andrés no confesó nunca a su esposa la existencia de su hijo Juan?

③ Cuando nació Juan de Zúñiga, ¿de qué manera asumió Andrés su responsabilidad como padre?

④ ¿Dónde se encuentra Juan de Zúñiga cuando su padre lo quiere recuperar como hijo? ¿Llega a reencontrarse con él?

⑤ De los tres personajes femeninos que aparecen en la comedia, ¿qué tipo de amor sienten Guadalupe y Juliana hacia Juan de Zúñiga?

⑥ Como suele hacer cada año, la familia de Juan de Zúñiga se dispone a recordar en una misa la memoria de este. ¿Cuánto tiempo ha transcurrido desde su supuesta muerte?

- ¿Qué edad tendría Juan de Zúñiga en el momento en el que comienza la obra?

☐ Cuarenta y cinco años
☐ Treinta y tres años

☐ Cerca de treinta años
☐ Veintinueve años

⑦ Una vez que Miguel de la Cruz habla con don Andrés, ¿qué retratos lleva consigo?

☐ El de sus padres.
☐ El de Juan de Zúñiga vestido de soldado.

☐ El de Guadalupe.
☐ El de Guadalupe y el suyo de novios.

- ¿Cómo se presenta Miguel de la Cruz ante don Andrés?

- ¿Quién es en realidad?

⑧ ¿Cómo ha cambiado a Juan de Zúñiga la experiencia de la guerra?

⑨ ¿Hacia dónde dice marchar Miguel de la Cruz?

⑩ ¿Por qué Miguel llamaba a Guadalupe Penélope?

☐ Porque es un nombre que siempre le ha parecido bonito.
☐ Porque representa la fidelidad de la esposa.
☐ Porque ese era su nombre de joven.
☐ Porque es un código secreto entre ambos.

⑪ ¿Quién es el primer personaje que se da cuenta de la verdadera identidad de Miguel? Localiza el acto y la escena.

⑫ ¿Qué parentesco hay entre don Andrés y Guadalupe?

⑬ En la obra solo intervienen siete personajes. Escribe todo lo que sepas de estos nombres. Enumera cada uno de ellos según la importancia que para ti tengan en la obra.

Andrés de Zúñiga   Juan de Zúñiga

Ignacio   Julia   Juliana

Berta   Pedro

⑭ Indica en qué acto de la comedia aparecen estos contenidos.

Guadalupe promete a Miguel guardarle el secreto.	
Miguel dice ser un excombatiente.	
Juliana reconoce en Miguel a Juan de Zúñiga.	
Decisiones tomadas por Juan a lo largo de su vida.	
Don Andrés reconoce haber abandonado a su hijo.	

⑮ ¿Podemos considerar *El hombre que murió en la guerra* una obra abierta?

① Entre toda la clase escoged un fragmento que consideréis especialmente significativo de *El hombre que murió en la guerra* y llevad a cabo una dramatización. Luego, exponed los aspectos que más os hayan llamado la atención.

② Explica esta expresión de Miguel de la Cruz: «Usted mismo es encantador, y perdone este elogio a boca de jarro». (IV, I)[74]

③ Aunque la obra está escrita en prosa, podemos reconocer recursos literarios propios del género lírico. Relaciona las siguientes expresiones con la figura literaria que le corresponda:

«nos miraríamos ambos en el limpio cristal de unos ojos adolescentes» (I, II)	
«Luchamos como leones, don Andrés» (II, IV)	
«¿y aquella boca de fresa, y aquel aire y aquellos soles de ojos…?» (III, III)	
«Muchas veces reímos cuando otros lloran; pero también lloramos alguna vez, cuando otros ríen» (IV, I)	
«¡Si se me sale por los ojos esta alegría!» (IV, IV)	
«Después de la verdad, la verdad humana, desnuda, nada hay tan bello, como la mentira. La mentira piadosa, que también es cosa de hombres» (IV, V)	

---

[74] De ahora en adelante, consignaremos Acto y Escena indicando únicamente el número de cada uno de ellos, por este orden.

- ➤ anadiplosis
- ➤ comparación
- ➤ hipérbole

- ➤ metáfora
- ➤ paradoja
- ➤ quiasmo

④ A lo largo de la obra encontramos varios registros lingüísticos. Vulgarismos como *riyéndose* (riéndose) y andalucismos en boca de Juliana del tipo *toos* (todos), *tó* (todo), *ná* (nada), *acardenaleao* (acardenaleado), *dorao* (dorado). Este vocabulario contrasta con el empleado por Miguel de la Cruz, lleno de extranjerismos: *soirée, pendant, homme d'affaire, globe-troter, rasé de frais* (II, II). Explica el significado de cada uno de ellos indicando de qué lengua procede.

⑤ Haz lo mismo con estas palabras de Ignacio: «un bel morir, tuta una vita onora» (II, III) y de Andrés: «comme il faut» (III, VI).

① Si en alguna ocasión Miguel de la Cruz nombra a Guadalupe como Penélope, podemos afirmar que la nodriza Juliana puede emparentarse con Euriclea. ¿Sabes de qué historia estamos hablando? Infórmate sobre esta última y luego recrea esta escena titulada "El regreso de Ulises" de Eduard A. Armitage con un texto narrativo de tu propia creación.

② La vida de Miguel de la Cruz guarda similitudes con la historia del judío errante. Él mismo dice: «Como el judío errante llevo un billete circular para andar por todo el mundo, que no me permite detenerme dos veces en la misma estación» (IV, I). Busca información sobre dicha historia. Te puede servir de ayuda este conocido cuadro del pintor francés Gustave Doré.

③ ¿Con cuál de los siguientes tópicos literarios relacionarías la pregunta anterior? Explícalo. Por último, acompáñalo de ejemplos.

☐ Aurea mediocritas
☐ Beatus ille
☐ Homo viator

☐ Militia amoris
☐ Ubi sunt?
☐ Vanitas vanitatum

④ En un momento determinado (IV, II), Miguel de la Cruz encuentra un parecido entre su relación con Guadalupe y el mito de Ulises y su esposa:

> Tú hubieras sido aquí Juan de Zúñiga. ¿Y en mi caso? Juan de Zúñiga también, siempre Juan de Zúñiga. *(Coge el retrato y se pasea inquieto.)* ¿Y Guadalupe? ¿Por qué le llamaba yo Penélope? ¡Sí! ¡Claro!; la imaginaba yo esperando, una mujer que espera… ¡Linda Penélope, sin tela que tejer, ni esposo, ni pretendientes!, esperando a su Juan de Zúñiga, al que murió en la guerra.

Lee con atención estos fragmentos de la *Odisea* de Homero y relaciónalos con el fragmento teatral anterior:

▪ «Y el caso es que cuando transcurrieron los años y le llegó aquel en el que los dioses habían hilado que regresara a su casa de Itaca».

▪ «Una vez allí sufrirá cuantas desventuras le tejieron con el hilo en su nacimiento, cuando lo parió su madre, la Aisa y las graves Hilanderas».

- «De origen se precia de ser de la vasta Creta y asegura que ha recorrido errante muchas ciudades de mortales. Que así lo ha hilado el destino».

⑤ Juan de Zúñiga luchó con el ejército francés como soldado voluntario en la Primera Guerra Mundial.

a) Recoge información sobre el suceso bélico a partir de este esquema orientativo básico:

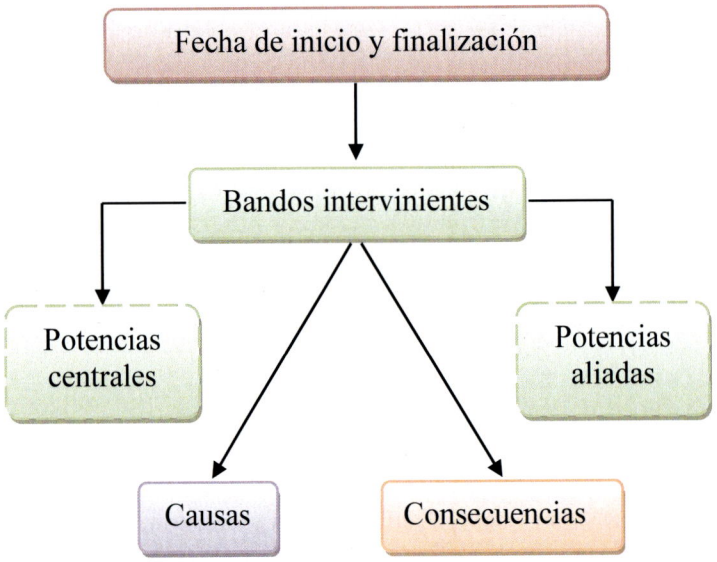

b) Aunque España no intervino en este conflicto bélico mundial, en *El hombre que murió en la guerra* se dice que Juan de Zúñiga luchó contra los alemanes en Francia. Infórmate sobre si los Machado fueron aliadófilos o germanófilos.

c) En este fragmento del poema "España, en paz" de *Campos de Castilla*, Antonio Machado muestra su parecer sobre la neutralidad de España en la contienda. Extrae las ideas principales del texto:

> ¿Y bien? El mundo en guerra y en paz España sola.
> ¡Salud, oh buen Quijano! Por si este gesto es tuyo,
> yo te saludo. ¡Salve! Salud, paz española,
> si no eres paz cobarde, sino desdén y orgullo.

d)   Una de las innumerables canciones que tratan sobre la paz es *Imagine*, de John Lennon. Te animamos a que traduzcas la letra en inglés.

- Según la canción, ¿qué circunstancias pueden provocar un conflicto?

- ¿Qué es para ti vivir en paz?

- Imagina «all the people living life in peace...». ¿Crees posible un mundo sin conflictos bélicos?

A la carta

① Andrés muestra su alegría al recibir una carta: «Correo… ¡Cuánto! Un secretario… Un secretario… Y sin embargo, esto de abrir una carta tiene su encanto» (I, II). Sin duda alguna, el móvil y las nuevas tecnologías han reemplazado a la carta escrita como medio de comunicación interpersonal. Expón las ventajas e inconvenientes del correo electrónico con respecto a la carta tradicional.

- ¿Sabes qué es el *phishing*? ¿Qué consecuencias puede traer?

- Te recomendamos esta guía el *phising* y cómo prevenirlo: https://guiasbib.upo.es/ciberseguridad/phishing.

Orgullo y humildad

② En cierto momento, Guadalupe y Miguel de la Cruz confrontan la idea que cada uno tiene sobre la humildad. Después de leer atentamente este diálogo entre ambos anota tres palabras clave para la comprensión del mismo.

Guadalupe.	¿Para salvarse?... Nuestro Señor predicó la humildad.
Miguel.	Cuando vuelva predicará el orgullo… De sabios es mudar de consejo. No, no se escandalice usted, Guadalupe; nuestro Señor predicó humildad a los poderosos; hoy predicaría orgullo a los humildes. Si el Cristo vuelve y nos habla otra vez, sus palabras serán aproximadamente las mismas: «Acordaos de que sois hijos de Dios, que por parte de padre

sois alguien, niños». Traducido al lenguaje profano: «Nadie es más que nadie». Porque, por mucho que valga un hombre, nunca tendrá valor más alto, que el valor de ser hombre. (III, VIII)

- Busca el origen etimológico de *humildad*, su sentido semántico y relaciónalo con la intervención anterior.

- En el Acto IV Miguel de la Cruz llega a decir que «siempre se olvida a los humildes, aunque sean los mejores». ¿A qué se refiere exactamente?

- En cuanto al orgullo, ¿a dónde crees que nos conduce?

- Explica con tus palabras el siguiente refrán: «Dios al humilde levanta, y al orgulloso quebranta».

La vida como teatro

③ La dualidad de Juan de Zúñiga y Miguel de la Cruz genera múltiples juegos e interpretaciones. Uno de ellos da pie a reflexionar sobre un tópico literario: la vida no es más que la escenificación de un papel que nos ha tocado representar. Así lo insinúa Miguel:

> Juan era curioso, ávido de aventuras extrañas. Además, él hubiera representado el papel de Miguel de la Cruz mucho mejor que yo el de Juan de Zúñiga… Y –si me apura usted– mucho mejor que yo represento mi propia realidad. Pero Juan murió, Guadalupe; no es piadoso siquiera imaginarlo bajo el humilde disfraz de un hospiciano. (III, VIII)

a) ¿Cuál es tu opinión sobre la verdad y la ficción?

b) En *Los anillos de Saturno*, su autor W. G. Sebald expone la misma idea que defiende el tópico del *theatrum mundi*:

> Un poco de agua se convierte en un lago, un soplo de viento en una tormenta, un puñado de polvo en un desierto, un pequeño grano de azufre en la sangre en un fuego volcánico. ¿Qué clase de teatro es este que somos escritores, actores, tramoyistas, escenógrafos y público, todo en uno?

- ¿De qué circunstancias depende de que nos comportemos de una manera u otra?

- Anota, al menos, tres situaciones que hayas presenciado o te hayan ocurrido que reflejen este aspecto comentado.

Si me quito la máscara ¿qué ves?

④ Este tópico está muy vinculado con el de la mascarización: en ocasiones interpretamos un papel que por naturaleza no nos corresponde. Así cuando Miguel afirma:

> Imaginemos que se realizó el cambio entre Juan y yo. Es el primer supuesto ¿verdad? Imaginemos que el muerto fue Miguel y Juan el vivo. Es nuestra segunda hipótesis. Imaginemos la tercera: que Juan vino aquí, representando a Miguel. Todo esto hubiera sido posible, concedido. Pero el Juan de Zúñiga que usted ha soñado no ha existido nunca, y ese es el que usted imagina ahora bajo el disfraz de Miguel de

la Cruz; es decir, un fantasma representando a un muerto. (III, VIII)

a) La comparación más clara es la del Carnaval. Cuando te has disfrazado, ¿qué elementos te han llevado a decidir por un disfraz u otro: ser por un día lo que te gustaría ser?

b) Observa y describe este cuadro de James Ensor titulado *Máscaras disputándose a un ahorcado*.

- ¿Quién son los actores? ¿Y los espectadores?

- ¿Qué critica el pintor James Ensor?

c) En nuestro día a día observamos a personas que proyectan una imagen que probablemente ocultan la verdadera realidad. Enumera los motivos que nos pueden llevar a esconder nuestra personalidad. Luego, haced una puesta en común elaborando una sola lista diseñando un *ranking*, desde la razón que más se repita hasta la menos frecuente.

d) Imagina que organizáis en tu centro educativo un concurso de disfraces. Diseña las bases en las que expongas los siguientes aspectos.

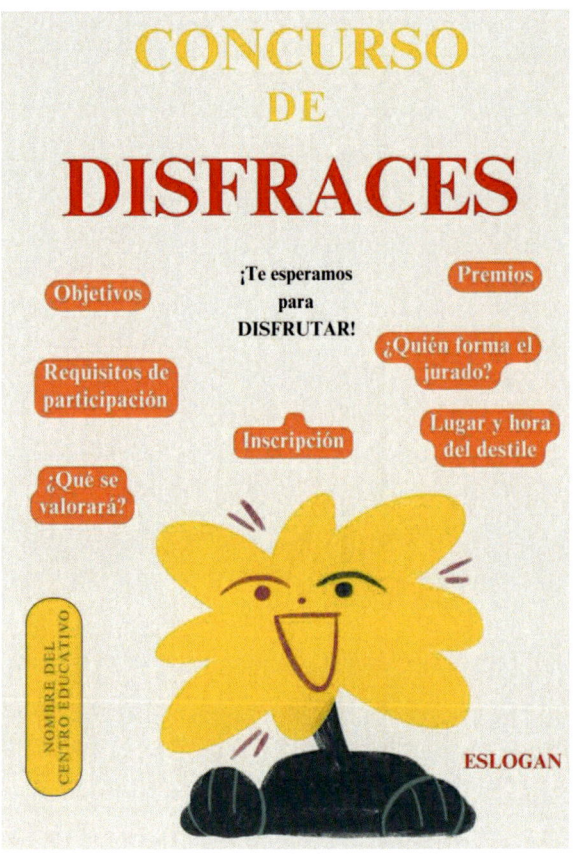

e) Después de ser expulsado de la Marina de guerra alemana, Heydrich pasa a dirigir la nueva Unidad de Inteligencia de la SES para conseguir información sobre enemigos políticos y revelar filtraciones de agencias gubernamentales y potencias extranjeras. Al sufrir un atentado por dos judíos estas resultan ser sus últimas palabras en el film *El hombre del corazón de hierro*:

> Mi padre escribió una ópera. Hay una frase que recuerdo: El mundo es un organillo. Dios gira la manivela y todos bailamos con su música.

Explica estas palabras vinculando las palabras destacadas con el mismo color.

f) Analiza este fotograma de la película *En el amor y en la guerra*. ¿Qué te sugiere? ¿Cuántos rostros y máscaras eres capaz de reconocer?

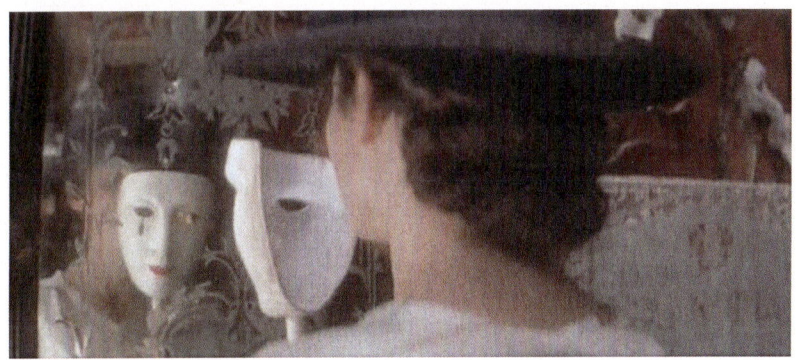

El trabajo, ¿libertad o esclavitud?

⑤ Entre don Andrés y Miguel de la Cruz se establece un debate sobre lo que aporta el trabajo. Localiza las dos ideas que sobre ello aparecen en esta intervención. Luego, organizad en clase un debate a partir de ellas:

Andrés.	Sí, lo reconozco, el trabajo tiene sus encantos. Usted debiera escribir un himno al trabajo. Ya buscaríamos quién le pusiera música. Y se lo haríamos cantar a los trabajadores.
Miguel.	[…] El amor al trabajo, el placer de trabajar… sí, todo eso está muy bien, cuando lo canta el trabajador, que no suele cantarlo. En otros labios, suena un poco a hueco. Al trabajador, no le gusta oírlo; piensa que es una invención de los ociosos que viven del trabajo ajeno, un modo de excitar, animar, jalear al esclavo para que trabaje más de la cuenta. Todo eso es muy siglo XIX; se quedó también en la trinchera. Hoy se vuelve a la concepción bíblica del trabajo: dura ley a que Dios somete a los hombres, a todos los hombres, claro está, después de todo gran pecado. El que no trabaje que no coma, dice el trabajador. Y tiene razón. Pero sería ingrato con los holgazanes que le proporcionan más trabajo que le corresponde, si el trabajo fuera una bendición... Esto no tiene vuelta de hoja, don Andrés. (IV, I)

☐ Nos mejora como persona

☐ Satisfacción personal

☐ Fortuna

☐ Dependencia

☐ Castigo

☐ Prosperidad

- ¿Qué crítica subyace en sus argumentaciones?

- En tu opinión, ¿qué aporta el trabajo? Estableced un debate sintetizando las distintas aportaciones.

Clase social y educación

⑥ Como es habitual en la dramaturgia de los hermanos Machado la clase social va pareja a una formación. En esta conversación entre Andrés y Miguel trasluce cierto machismo porque ponen en entredicho la educación formativa de la mujer:

Andrés. Has caído bien en esta casa. Hasta el ama Juliana… Por cierto que ¡es gracioso! ¿Sabes lo que me dijo ayer? ¿Por qué no habrá aceptado el señorito Miguel lo que le propuso el señorito Juan? ¡Claro, estas pobres mujeres del pueblo!...

Miguel. Saben más de pañales que de pergaminos. (IV, I)

Presta atención a este fragmento de la película *Obsesión*. Extrae las ideas principales sirviéndote de las palabras destacadas:

[Benny] […] das clase de literatura. ¿Verdad?

[Claire] Los clásicos.

[Benny] Vaya […] Es sofisticado. No sé cuántos chicos podrán utilizar hoy en día lo que aprenden de los clásicos, sin ánimo de ofender. […]

[Claire] ¡Qué tonta! Y yo preocupada porque aprendan.

[Benny] Estoy a favor de la educación pero priorizo el trabajo. Habilidades prácticas. Ahí está el dinero.

[Claire] ¡Ah, el dinero! Ese es el objetivo […] El dinero está bien salvo cuando lo motiva la avaricia.

- ¿Quién tiene más responsabilidad en la erradicación de esta imagen distorsionada y en la difusión de conceptos como libertad, igualdad y respeto: familia, instituciones, sistema educativo, medios de comunicación…? Justifica tu respuesta aportando posibles soluciones.

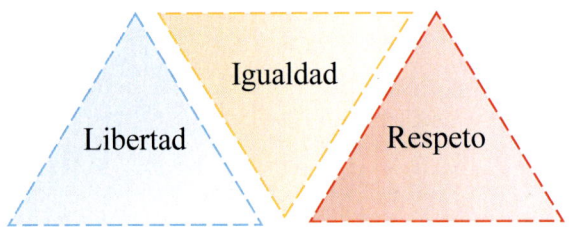

- ¿Piensas que todavía está vigente entre la juventud el estereotipo machista? Expón posibles medidas desde estos ámbitos:

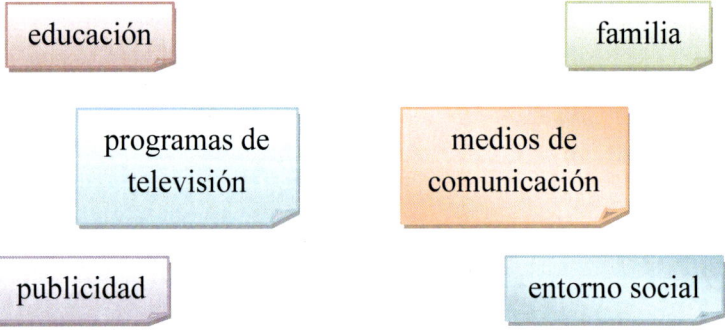

Los rostros de la verdad

⑦ Derivado del desdoblamiento que representa Miguel de la Cruz, verdad y mentira se dan cita en estas palabras suyas.

> Dejémosle ahí; guardémosle el secreto. Después de la verdad, la verdad humana, desnuda, nada hay tan bello, como la mentira. La mentira piadosa, que también es cosa de hombres. Que sea eso para todos; el más heroico y el más inofensivo, y el último de los Zúñiga, el que murió en la guerra. (IV, V)

- ¿Qué entiendes por mentira piadosa?

- ¿Qué es lo que pretende Miguel de Zúñiga con esta estrategia?

⑧ Otros binomios que se dan a lo largo de *El hombre que murió en la guerra* son lógica-ilusión, en boca de Miguel de Zúñiga: «El hombre es un animal un poco absurdo; ha inventado la lógica, pero ha vivido siempre de ilusiones» (IV, V).

Como también el juego basado en la paronomasia entre hombre y nombre, esta vez en palabras de Guadalupe: «Ya hemos quedado en que no importa el nombre sino el hombre» (IV, V).

Justifica las afirmaciones anteriores.

Entre la realidad y la ficción

⑨ Sueño y realidad también tienen un hueco en la obra, en el parecer de Miguel de la Cruz, muy acorde con estos versos del cantar LXXXI de *Campos de Castilla*, de Antonio Machado: «Si vivir es bueno, / es mejor soñar, / y mejor que todo, / madre, despertar»:

> También yo alguna vez he soñado contigo antes de conocerte. Pero a mí no me bastaba soñar y quise verte, porque sospechaba, lo que hoy he sabido: que una mujer verdadera vale mucho más que una mujer soñada. (IV, V)

a) Fíjate en estos versos de Walter von der Vogelweide (1170-1228) y extrae dos ideas fundamentales del fragmento teniendo en cuenta las palabras destacadas:

> ¿A dónde han huido mis años?
> ¿Soñé mi vida o fue verdad?
> ¿Lo que creí que fue, existió?
> No sé cuánto tiempo he dormido.
> Ahora he despertado y desconozco
> todo lo que antes conocía como a mi propia mano.
> Las gentes y las tierras donde me crié desde niño
> me resultan extrañas, como una ilusión.

b) Redacta un texto narrativo en el que expongas qué situaciones has vivido que parecían pertenecer a la irrealidad. ¿Crees en verdad que la realidad supera a la ficción? Justifica tus palabras.

⑩ Busca información sobre el aspecto que más te haya llamado la atención a lo largo del estudio de *El hombre que murió en la guerra*. Crea un dossier donde recojas referencias, aspectos, fotos, reflexiones… de distintas fuentes de información: libros, revistas, internet, películas, canciones, obras de arte, foros…

El profesor/a que desee disponer del solucionario de la presente guía didáctica, puede solicitarlo a través del formulario:

ÍNDICE

PERFIL BIOGRÁFICO DE MANUEL Y ANTONIO MACHADO 7

EL JUEGO DIALÓGICO DE LA IDENTIDAD, LA REBELDÍA Y EL PERDÓN 11

BIBLIOGRAFÍA 24

EL HOMBRE QUE MURIÓ EN LA GUERRA 29

ACTO PRIMERO 37

ACTO SEGUNDO 54

ACTO TERCERO 68

ACTO CUARTO 88

GUÍA DIDÁCTICA 113